Edición segunda

Una vez más

Repaso detallado de las estructuras gramaticales del idioma español

James H. Couch
Rebecca D. McCann
Carmel Rodríguez-Walter
Angel Rubio-Maroto

Longman

Una vez más: Repaso detallado de las estructuras gramaticales del idioma español, Edición segunda

Longman, 10 Bank Street, White Plains, N.Y. 10606

Associated companies:
Longman Group Ltd., London
Longman Cheshire Pty., Melbourne
Longman Paul Pty., Auckland
Copp Clark Pitman, Toronto

Executive editor: Lyn McLean
Production editor: Lisa Hutchins
Text design adaptation: Execustaff
Cover design: Kevin Kall
Production supervisor: Joanne Jay

ISBN: 0-8013-0971-9 (paper)
ISBN: 0-8013-0972-7 (case)

19 20 -CRW-01 PAPER
20 -CRW-01 CASE

TABLA DE MATERIAS

PRÓLOGO

Una vez más is designed as an individualized grammar review for use at a third-, fourth-, or even fifth-year level. It can also be used as a supplemental classroom teaching text or as a grammar reference book. Students preparing for College Achievement or Advanced Placement tests find it useful for refreshing and refining their command of grammar.

Organization

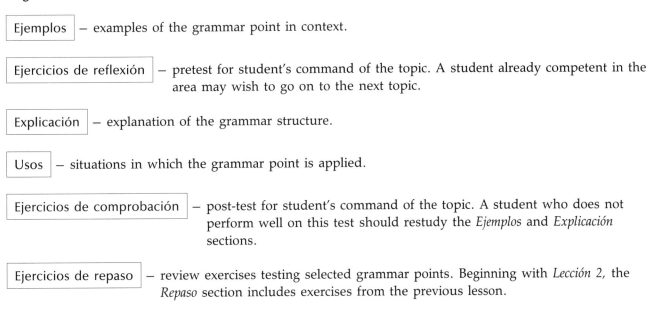

| Ejemplos | – examples of the grammar point in context.

| Ejercicios de reflexión | – pretest for student's command of the topic. A student already competent in the area may wish to go on to the next topic.

| Explicación | – explanation of the grammar structure.

| Usos | – situations in which the grammar point is applied.

| Ejercicios de comprobación | – post-test for student's command of the topic. A student who does not perform well on this test should restudy the *Ejemplos* and *Explicación* sections.

| Ejercicios de repaso | – review exercises testing selected grammar points. Beginning with *Lección 2*, the *Repaso* section includes exercises from the previous lesson.

At the end of the book you will also find:

RESPUESTAS DE LOS EJERCICIOS – answers to the exercises of each lesson.

TABLA DE VERBOS – the conjugation in all tenses of the most common regular and irregular verbs.

To the teacher

- This grammar review book is written entirely in Spanish, and is intended for use at the intermediate and advanced levels.

- The vocabulary is representative of that used throughout the Spanish-speaking world.

- This book's versatility enables it to be used as a classroom text, an individualized program, or a supplemental reference grammar.

- The numerous exercises provide ample opportunity for the students to check their command of the grammar structure.

- The lessons are designed to allow the individual student to work at her/his own pace.

- The first four lessons contain the most challenging grammar. If you use this as a classroom text you may want to keep this in mind as you plan your course.

- If you prefer, the answer section may easily be removed from the back of the students' books.

- Test booklets are also available containing two comprehensive tests per lesson. (We recommend that students achieving lower than 80% on the first test, review the lesson and take the second as a makeup test.)

To the student

- You may wish to write your answers on a separate sheet of paper. That way, you can go back over the exercises as often as desired.

- Highlighting in the margins indicates the most important information of the lessons.

- The TABLA DE VERBOS includes all verb forms for quick reference.

From the authors

We wish to thank the Kenan Grant Committee, as well as the Headmaster and Dean of Faculty, who endorsed and supported the first edition. Most especially we are indebted to Hale Sturges, Henry Herbst, and Linda Cregg for their permission and encouragement in using their *Une Fois pour toutes* as the idea and model for our edition.

We are pleased with the way *Una vez más* has been received by teachers at the secondary as well as the college level across the country. Recognizing the need to improve and expand some of the material, we have revised the content without altering the original format of the text.

We are extremely grateful to our colleagues in the profession who have given us valuable support and feedback on the book. We are confident that their ideas and suggestions, many of which are reflected in this revision, will help to make it a better, more useful text for all.

We dedicate this revision to the memory of our "muy querido" colleague and friend, James H. Couch, who passed away this past spring. His spirited devotion to the work on this text and his superb sense of humor were sorely missed during our work sessions on this revision.

PRIMERA LECCIÓN

EL VERBO

El verbo es el elemento principal de una oración; puede indicar una acción (*nosotros caminamos*), un estado (*Juan está enfermo*) o un suceso (*hay un partido de fútbol en el estadio*).

El verbo siempre concuerda con el sujeto: *yo hablo; nosotros hablamos.* (En una pregunta el sujeto se coloca después del verbo.)

El verbo puede expresar la acción, el estado o el suceso según los tiempos.

Los modos verbales son el indicativo, el subjuntivo, el condicional y el imperativo.

Los verbos son — transitivos (tienen un complemento directo):

        La secretaria *escribe* la carta.

— intransitivos (no tienen complemento directo):

        El pájaro *vuela.*

— reflexivos:

        El niño *se levanta* temprano.

— recíprocos:

        Ellos *se aman.*

— impersonales o defectivos (sólo se conjugan en la 3ª persona del singular):

        llover (ue)   nevar (ie)   helar (ie)   tratarse de   tronar (ue)

        Llueve mucho en abril.
        Nieva en las montañas.

I. Presente de indicativo

Ejemplos

    Él *devuelve* el libro a la biblioteca.
    Nosotros *solemos* comer fresas en junio.
    ¿*Van* a comer Uds. en un restaurante chino?
    Yo *me siento* enfrente de la ventana.
    La pereza no *es* una virtud.
    Abrimos las ventanas cuando *hace* calor.
    El agua *está* caliente.
    ¿*Escucha* él atentamente?
    Cuando *nieva,* no *brilla* el sol.
    Estamos acostumbrados al clima del Caribe.
    Escribimos los ejercicios de este libro.
    Ella *se despide* de sus amigas.

Ejercicio de reflexión

Escribir el presente de indicativo.

1. Yo (ir) _____ al centro.
2. El partido (empezar) _____ a las dos.
3. ¿(Leer) _____ vosotros muchos libros?
4. Rafael siempre (despertarse) _____ _____ a las siete.
5. Yo no (tener) _____ tiempo para ir al cine.
6. Ellas (esperar) _____ a sus amigas en la sala.
7. Yo no (hacer) _____ mucho ruido en esta clase.
8. ¿(Aburrirse) _____ _____ tú cuando estás sola?
9. Las lluvias torrenciales (destruir) _____ las flores.
10. Nunca (nevar) _____ en Miami.

Formación

verbos regulares:

	HABLAR	COMER	VIVIR
(yo)	habl-o	com-o	viv-o
(tú)	habl-as	com-es	viv-es
(él, ella, Ud.)	habl-a	com-e	viv-e
(nosotros)	habl-amos	com-emos	viv-imos
(vosotros)*	habl-áis	com-éis	viv-ís
(ellos, ellas, Uds.)	habl-an	com-en	viv-en

*La forma de *vosotros* se usa exclusivamente en España.

verbos irregulares:

Algunos verbos son irregulares solamente en la primera persona singular:

	SABER	PONER	DAR	HACER	CAER	TRAER	CABER	SALIR
(yo)	sé	pongo	doy	hago	caigo	traigo	quepo	salgo

Otros verbos son irregulares en todas las personas menos en la primera (*nosotros*) y segunda (*vosotros*) persona plural:

DECIR	ESTAR	TENER	VENIR	OIR
digo	estoy	tengo	vengo	oigo
dices	estás	tienes	vienes	oyes
dice	está	tiene	viene	oye
decimos	estamos	tenemos	venimos	oímos
decís	estáis	tenéis	venís	oís
dicen	están	tienen	vienen	oyen

Algunos verbos son irregulares en todas las personas:

SER	IR	HABER
soy	voy	he
eres	vas	has
es	va	ha
somos	vamos	hemos
sois	vais	habéis
son	van	han

verbos con cambios en la raíz: (Véase la Tabla de Verbos.)

PENSAR (ie)	*VOLVER* (ue)	*SENTIR* (ie)	*PEDIR* (i)
pienso	vuelvo	siento	pido
piensas	vuelves	sientes	pides
piensa	vuelve	siente	pide
pensamos	volvemos	sentimos	pedimos
pensáis	volvéis	sentís	pedís
piensan	vuelven	sienten	piden

verbos reflexivos:

Los verbos reflexivos se conjugan colocando el pronombre reflexivo delante del verbo. (Véase Sexta Lección, pág. 98.)

Yo *me levanto* temprano.
Tú *te sientas* cerca de la ventana.
Él *se burla* de los políticos.
Nosotros *nos acostamos* tarde.
Vosotros *os quejáis* de la tarea.
Ellos *se acuerdan* de su juventud en Cuba.

algunos verbos reflexivos de uso frecuente:

despertarse (ie)	dormirse (ue)	casarse con
sentarse (ie)	acostarse (ue)	quejarse de
vestirse (i)	acordarse de (ue)	

NOTA: Estos verbos también se pueden utilizar en la forma transitiva sin el pronombre reflexivo.

La madre *viste* al niño.
Tú *despiertas* a tu hermanito.

verbos con cambios ortográficos:

verbos que terminan en		cambian	delante de	ejemplos
-ger, -gir,	coger dirigir	g → j	o	cojo dirijo
vocal + -cer, -cir,	conocer traducir	c → zc	o	conozco traduzco
-guir,	distinguir seguir	u se elimina	o	distingo sigo
consonante + -cer,	vencer convencer	c → z	o	venzo convenzo

verbos que terminan en *-uir*; *i* → *y*:

CONSTRUIR	DESTRUIR
construyo	destruyo
construyes	destruyes
construye	destruye
construimos	destruimos
construís	destruís
construyen	destruyen

verbos de uso idiomático frecuente:

1. El verbo auxiliar *soler* (ue) indica que lo expresado por el verbo principal ocurre usualmente (a menudo, habitualmente, frecuentemente). Sinónimo: acostumbrar. (Véase Lección Trece, pág. 171.) Se conjuga sólo en algunos tiempos.

   Yo *suelo* sacar buenas notas.
   Ella *suele* dormir la siesta todos los días.
   Nosotros *solemos* escribir con lápiz.
   Vosotros *soléis* comer antes de la clase.
   El profesor y los alumnos siempre *solían* llegar a clase a tiempo.

2. Expresiones con *hacer*, indicando que una acción continúa en el presente. (Para más usos de *hacer*, véase Lección Trece, pags. 173–174.)

   Hace poco tiempo que vivo en este pueblo.
   Hace una semana que estamos fuera de nuestro país.
   Hace un año que está en la Argentina.

3. Expresiones con *haber*: *haber que* (impersonal) y *haber de* (obligación).

   Hay once jugadores en un equipo de fútbol.
   Hay que llegar a tiempo al concierto.
   He de comprar los regalos hoy.

Ejercicios de comprobación

A. Cambiar al plural.

1. Yo me despierto. _____

2. Ella se peina. _____

3. Tú duermes. _____

4. Yo vuelvo. _____

5. Ud. pide. _____

6. Yo niego. _____

7. Él conoce. _____

8. Yo tejo. _____

9. Ella suele correr. _____

10. Tú te lavas. _____

11. Yo me quejo. _____

12. Él piensa. _____

13. Yo empiezo. _____

14. Tú traduces. _____

15. Yo suelo estudiar. _____

16. Tú construyes. _____

17. Ella se acuesta. _____

18. Yo escojo. _____

19. Ud. se viste. _____

20. Yo he de seguir. _____

B. Cambiar al singular.

1. Nosotros comenzamos. _____

2. Vosotros dirigís. _____

3. Ellos se acuerdan. _____

4. Nosotros nos vestimos. _____

5. Ellas consiguen. _____

6. Vosotros os enamoráis. _____

7. Vosotros llegáis. _____

8. Ellas son. _____

9. Ellos suelen cantar. _____

10. Nosotros traducimos. _____

C. Contestar a las preguntas afirmativamente.

1. ¿Prepara María la comida? _____

2. ¿Se pasean ellos por el campo? _____

3. ¿Tocas tú el piano? _____

4. ¿Devuelve él el coche al vendedor? _____

5. ¿Se acuestan Uds. temprano? _____

6. ¿Buscáis vosotros al perro? _____

7. ¿Sueles ir al cine los sábados? _____

8. ¿Se ven ellas con frecuencia? _____

9. ¿Conoces a todos tus compañeros de clase? _____

10. ¿Dirige Ud. el coro? _____

CH. Escribir la forma apropiada del verbo.

1. Nosotros (soler) _____ aprobar los exámenes.

2. La pereza no (ser) _____ una virtud.

3. Cuando (nevar) _____ llevo botas.

4. Nosotros (estar) _____ acostumbrados a aprender mucho vocabulario.

5. ¿(Estar) _____ fría el agua?

6. Vosotros (hacer) _____ los deberes por la noche.

7. Yo (despertarse) _____ _____ tarde todos los domingos.

8. Josefina (cansarse) _____ _____ .

9. Nosotros no (burlarse) _____ _____ de ellos.

10. En cuanto yo (acostarse) _____ _____ , yo (dormirse) _____ _____ .

11. (Yo) No (tener) _____ mi libro; yo lo (sentir) _____ mucho.

12. El policía (perseguir) _____ al ladrón.

13. Cuando (llover) _____ , llevamos impermeables.

14. Yo (aburrirse) _____ _____ cuando no tengo clases.

15. (Hacer) _____ dos años que estudio español.

D. Terminar cada oración de una manera lógica usando cuatro verbos diferentes.

1. Antes de salir de casa por la mañana, yo _____

_____

2. Para preparar una cena elegante, los jefes de cocina _____

_____

3. Cuando vamos al cine, nosotros _____

_____

4. Durante las vacaciones de verano, tú _____

_____

II. Ser y estar

Ejemplos

Mi profesor *es* muy exigente.
Tu abuela *está* enferma.
El centro de N.A.S.A. *está* en Houston.
Estamos cansados.
La blusa *es* de seda.
Carlos Fuentes *es* de México.

Escribir la forma apropiada de *ser* o *estar*.

1. Ellos _____ de las Filipinas.

2. La sopa ya _____ fría.

3. Los patines _____ del niño.

4. _____ la una y veinte de la tarde.

5. ¡Qué bonita _____ tú hoy!

6. El pavo que nosotros _____ comiendo _____ sabrosísimo.

7. El campo _____ cubierto de nieve.

8. Él _____ un estudiante un poco fresco.

9. No tengo dinero porque (nosotros) _____ a 24 de diciembre.

10. En invierno las ventanas siempre suelen _____ cerradas.

Formación

SER		ESTAR	
soy	somos	estoy	estamos
eres	sois	estás	estáis
es	son	está	están

Explicación

El verbo *ser* expresa cualidades permanentes del sujeto de la oración:

Tu novia *es* linda (bonita, bella, guapa), inteligente y simpática.

El verbo *estar* expresa cualidades pasajeras:

Tu novia *está* muy linda hoy (lleva un vestido precioso).

Mi abuelo (cualidad permanente) *es* de carácter débil.
Mi abuelo (cualidad pasajera) *está* débil debido a la operación.

El campo (pasajera) *está* muy bello en primavera.
El campo (permanente) *es* más tranquilo que la ciudad.

El verbo *estar* se usa para expresar una opinión personal:

Anita es muy bonita pero con este vestido *está* mucho más bonita.
¡Qué bello *está* el jardín con todos los tulipanes en flor!

SER

Usos

1. Para expresar una cualidad innata o permanente del sujeto.

   La nieve *es* blanca.
   La hierba *es* verde.

2. Nacionalidad y origen

   El carro *es* de Alemania.
   Yo *soy* de Guatemala.
   Ella *es* guatemalteca.

3. Propiedad

   El bolígrafo (la pluma) *es* de María.
   La bolsa *es* de Cecilia.

4. Material

   La mesa del presidente *es* de caoba.
   El vestido de Leticia *es* de lana.

5. Profesión, religión o partido político

   Ella *es* periodista.
   El candidato *es* demócrata.

6. Destino

   La carta *es* para mi novio.

7. La hora y la fecha

   Son las doce y media.
   Es la una de la tarde.
   ¿Qué día *es* hoy? Hoy *es* el 12 de octubre, el Día de la Raza.

   NOTA: A veces la fecha se expresa con el verbo *estar*:
   ¿A cuántos *estamos* hoy?
   Estamos a diez de mayo.

8. Expresiones impersonales

   Es obvio. *Es* natural. *Es* difícil.
   ¡*Es* lástima! *Es* necesario.

Por lo general, se usa el verbo *ser* con los adjetivos *pobre, rico, joven, viejo, feliz.*

   Él *es* un muchacho feliz.
   Ud. *es* muy rico.
   Mis abuelos *son* viejos.

ESTAR

Usos

1. Cuando la cualidad o el estado es el resultado de un cambio o de una acción anterior

La puerta *está* cerrada. (porque el profesor la ha cerrado)
El juguete *está* roto. (porque el niño lo ha roto)
La luz *está* apagada, o encendida. (porque alguien la apagó o la encendió)
La nieve *está* sucia. (porque hace tres días que nevó)
La comida *está* fría. (porque hace tiempo que fue servida)
El autobús *está* lleno. (porque es la hora punta y hay muchos pasajeros) *pero no siempre*
El libro *está* cerrado. (porque la profesora lo cerró)

2. Ubicación (lugar donde está situado) (Fíjese en el uso de la preposición *en*.)

El coche *está* en el garaje.
El museo del Prado *está* en Madrid.   *location*
La Misión de San Juan Capistrano *está* en California.
Los caballos salvajes *están* en Wyoming.
Barranquilla *está* en Colombia.
El Morro *está* en la bahía de La Habana.

3. Situación temporal

Yo *estoy* enfermo hoy.
Mi madre *está* cansada en este momento.   *temporary, feelings*
Él sonríe tanto porque *está* contento.
Ella llora porque *está* triste.
Esta comida *está* sabrosísima porque lleva especies.

Algunos modismos de uso frecuente con *estar*:

estar de acuerdo   estar a régimen
estar de buen/mal humor   estar en la luna/en las nubes
estar de moda   estar a punto de
estar de juerga/de fiesta   estar bien/mal visto

NOTA: Algunos adjetivos cambian su significado según el uso de *ser* o *estar*.

SER	*ESTAR*
ser bueno (característica)	estar bueno (condición temporal)
ser malo (característica)	estar malo (enfermo)
ser fresco (mal educado)	estar fresco (no estar rancio)
	estar fresco (no tener calor)
ser borracho (alcohólico)	estar borracho (temporal)
ser vivo (astuto)	estar vivo (vivir)
ser nervioso (personalidad)	estar nervioso (temporal)
ser loco (permanente)	estar loco (temporal)
ser listo (inteligente)	estar listo (preparado)
ser verde (color)	estar verde (sin madurar)

Santiago *es* un muchacho muy listo.
Santiago *está* listo para enfrentarse con la vida.

Ejercicios de comprobación

A. Escribir la forma apropiada de *ser* o *estar*.

1. ¿Qué hora _es_? _Son_ las siete en punto. *la hora*
2. El clima de la Florida _está_ húmedo. *el tiempo*
3. _Es_ cierto; hoy _es_ miércoles. *fecha / descripción*
4. Las fresas con crema _son_ deliciosas.
5. Estas flores _son_ para ti. *posesión*
6. El cuarto _está_ lleno de polvo.
7. Su padre _es_ ejecutivo. *profesión*
8. La estatua de Velázquez _está_ delante del Museo del Prado. *ubicación*
9. La Pirámide del Sol _está_ muy cerca de la Pirámide de la Luna. *ubicación*
10. No _está_ prudente hacerlo ahora. *expresión*
11. ¿_Es_ España un país católico? *religión*
12. _Es_ una persona buena, lista y simpática. *descripción*
13. Yo _estoy_ cansada después de correr tanto. *situación temporal*
14. ¿De quién _es_ esta bicicleta? *posesión*
15. La niña llora porque _está_ triste. *cualidad temporal o situación*
16. Ya _es_ la una y nosotros _estamos_ listos para salir.
17. Su casa _es_ situada (ubicada) en una colina.
18. El señor Ramírez _es_ viudo.
19. Una isla tropical _es_ ideal para descansar.
20. Hoy el gazpacho _está_ riquísimo. (Es mejor que el de otros días.)

B. Inventar un sujeto y escribir la forma apropiada de *ser* o *estar* para completar cada oración.

1. _Tú estás_ enfrente del supermercado.
2. _Es_ de algodón.
3. _Es_ estadounidense.
4. _Está_ listo, siempre saca buenas notas.
5. ¡_Es_ guapísimo con este traje!
6. _son_ mis mejores amigos.
7. _Es_ una atleta famosa.
8. _son_ las tres y media de la madrugada.
9. _Él es_ del estado de Colorado.
10. _Estoy_ muy ocupados hoy.
11. _son_ verdes.
12. _Está_ preocupado por la situación económica.
13. _Está_ lleno de gente.
14. _Estamos_ diciéndonos una mentira.
15. _Es_ malo, por eso no ha venido a clase.

C. Completar las oraciones a continuación con el verbo *ser* o *estar*.

1. La chica tiene fiebre, por eso _____ *está enferma* _____.

2. Vamos a comprar un castillo en la Costa Brava, ¡ _____ *Está bien* _____ _____ !

3. Saco buenas notas porque _____ *soy estudiante de tres años* _____.

4. Él diseña los planos para un museo que _____.

5. Los niños tienen que acostarse porque _____ *están sufriendo ahora.* _____.

6. Siempre viajo en avión porque _____ *está mas rápido* _____.

7. Me lavo el pelo con un champú suave porque _____ *el pelo está bueno* _____ _____.

8. Tengo una amiga que no habla inglés muy bien porque _____ *ella es de España.* _____ _____.

9. Nuestro equipo siempre gana muchos partidos de baloncesto, ¡ _____ *Somos buenos atléticos* _____ _____ !

10. En las zonas tropicales están cortando muchos árboles y eso _____ *está destruiendo las* _____ *tropicales.* _____.

CH. Entrevista. Escribir 10 preguntas dirigidas a un estudiante hispanoamericano que está en los Estados Unidos por primera vez.

1. ¿ *De donde eres* ?
2. ¿ *Por que estás visitando los Estados Unidos* ?
3. ¿ *Que te gusta hacer* ?
4. ¿ *Estás divirtiendo aquí* ?
5. ¿ *Que quieres hacer* ?
6. ¿ *Que es la hora en tu pais nativo* ?
7. ¿ *Que son las diferencias entre los dos paises* ?
8. ¿ _____ ?
9. ¿ _____ ?
10. ¿ _____ ?

III. Gerundio

Ejemplos

El avión está *despegando* de la pista.
Mi tío está *llamando* por teléfono.
Ella está *bailando* en la discoteca.
La policía está *persiguiendo* a los ladrones.
El abuelo está *leyendo* el periódico.
¿Qué estás *haciendo*?
"*Hablando* se entiende la gente".

Escribir el gerundio.

1. Nosotros estamos (pedir) _____ más dinero.

2. Está (llover) _____ mucho ahora.

3. ¡Silencio! Los niños están (dormir) _____ .

4. Ella sigue (repetir) _____ lo mismo.

5. Los caballos vienen (trotar) _____ por la pampa.

6. El camarero está (servir) _____ el postre.

7. Los niños están (reír) _____ a carcajadas.

8. Ellas siguen (creer) _____ en el amor.

9. El senador comenzó su discurso (elogiar) _____ a sus colegas.

10. Él siempre está (gruñir) _____ por todo.

Formación

El gerundio expresa una acción durativa en proceso de ejecución.

Gerundios regulares:

HABLAR	COMER	VIVIR
HABL – ANDO	COM – IENDO	VIV – IENDO

Gerundios de verbos con la terminación -ir y cambio en la raíz:

morir → muriendo   vestirse → vistiéndose
dormir → durmiendo   pedir → pidiendo
seguir → siguiendo   sentir → sintiendo

Gerundios con irregularidades:

ir → yendo   oír → oyendo   reñir → riñendo
leer → leyendo   venir → viniendo   gruñir → gruñendo
traer → trayendo   poder → pudiendo   teñir → tiñendo
creer → creyendo   destruir → destruyendo   zambullir → zambullendo

Usos

1. Para expresar el tiempo progresivo (la acción durativa en proceso de ejecución) se usa el verbo auxiliar *estar* y el gerundio.

> *Están* escuchando la conferencia atentamente.
> *Estás* pensando en las musarañas.
> Él *está* oyendo las noticias.

NOTA: También se emplea esta construcción en otros tiempos.

> *Estuve* durmiendo toda la mañana. (pretérito)
> *Estaré* estudiando toda la noche. (futuro)
> *Estaba* comiendo a las once. (imperfecto)

2. Se puede expresar la acción durativa con los verbos *ir*, *seguir*, *continuar*, *venir*, *andar*, etc.

> Los estudiantes *andan* diciendo que el examen será fácil.
> ¡*Continúe* leyendo! La luz *va* disminuyendo poco a poco.
> Los espectadores *salen* llorando de la película.
> La tuna *viene* cantando por las calles.

3. El gerundio responde a la pregunta: ¿*Cómo?* o ¿*De qué manera?*

> –¿*Cómo* pasa Ud. sus horas de ocio?
> –Las paso *haciendo* deporte o *leyendo*.
>
> –¿*Cómo* te mantienes delgada?
> –*Corriendo* a menudo.
>
> –¿*Cómo* empieza el profesor la clase?
> –La empieza *contando* chistes.

Ejercicios de comprobación

A. Completar la oración con el presente progresivo o con el gerundio.

1. El Sr. Villegas (seguir dar) _____ _____ clases de guitarra.

2. El mariachi (venir cantar) _____ _____ por las calles.

3. (Escuchar) _____ con cuidado se entiende mejor.

4. Los niños (estar dormir) _____ _____ la siesta.

5. ¡Yo (estar divertir) _____ _____ a los niños con los chistes!

6. ¡Ay! Tú me (estar tomar) _____ _____ el pelo.

7. En la plaza de toros todos (seguir pedir) _____ _____ la oreja.

8. ¿Qué asignatura (estar estudiar) _____ _____ tú ahora?

9. ¿Por qué no (estar vestir) _____ _____ a tu muñeca?

10. La pobre (seguir buscar) _____ _____ algo de comer.

11. El policía (estar reñir) _____ _____ al niño.

12. (Cuidar) _____ el cuerpo, se prolonga la vida.

13. Salimos del salón (repetir) _____ las frases del poema.

14. Los periodistas (estar entrevistar) _____ _____ al gobernador.

15. Mientras (estar comer) _____ _____ miramos la televisión.

B. Cambiar el verbo al tiempo progresivo.

1. El camarero nos sirve las bebidas.

_____

2. Nosotros leemos las noticias.

_____

3. ¿Qué hacéis allí en la calle?

_____

4. Yo le digo la verdad.

_____

5. Tú ríes constantemente.

_____

6. El enfermo se muere de cáncer.

_____

7. Todavía llueve.

_____

8. Los dos juegan con la arena.

_____

9. No sienten el efecto de la contaminación.

_____

10. El policía pone multas.

_____

C. Contestar a las preguntas usando el presente progresivo en las respuestas para crear un breve diálogo entre un joven español y una joven norteamericana en la cafetería del aeropuerto de Barajas, en Madrid.

–¿Por qué estás aquí?

–Pues, yo (esperar) _____ .

–¿De dónde eres?

–Soy de Chicago pero ahora yo (vivir) _____ .

–¿Qué haces en España?

–Soy universitaria y (aprender) _____ .

–¿En qué universidad estás?

–En la universidad de Salamanca y yo (seguir) _____ un curso de _____ .

–¿Te gusta la ciudad de Salamanca?

–Sí, mis amigos y yo (divertirse) _____ .

–Ya llega el avión, ¿por qué puerta salen los pasajeros?

–Escucha, el altavoz (anunciar) _____ .

IV. Participio pasado

Ejemplos

Las noticias están *traducidas* al inglés.
Nosotros hemos *traducido* el artículo.

La política es un tema muy *discutido*.
Ellos han *discutido* el tema.

Hay una ventana *rota* en el aula.
¿Quién la ha *roto*?

La conferencia es muy *aburrida*.
Me ha *aburrido* la conferencia.

La manifestación está bien *organizada*.
Ellos han *organizado* bien la manifestación.

Ejercicio de reflexión

Escribir el participio pasado usado como verbo o como adjetivo.

1. Nuestros vecinos se han (trasladar) _____ a Alaska.

2. Ella es una persona muy (informar) _____; lee el periódico todos los días.

3. Sus libros y papeles están (perder) _____.

4. Yo no he (ver) _____ aquella película todavía.

5. ¡Qué cansado estás! ¿No has (dormir) _____ bien?

6. José ha (romper) _____ su bicicleta.

7. ¿Quién ha (traer) _____ un regalo para papá?

8. ¡Qué lástima! La oveja está (morir) _____.

9. La tierra está (cubrir) _____ de nieve.

10. He (pensar) _____ mucho en ti.

Formación

El participio pasado (pasivo) se forma con las terminaciones: *-ado, -ido*.

Participios regulares:

HABLAR	COMER	VIVIR
HABL - ADO	COM - IDO	VIV - IDO

Participios irregulares:

abrir–abierto	escribir–escrito	romper–roto	freír–frito
cubrir–cubierto	describir–descrito	poner–puesto	ver–visto
volver–vuelto	morir–muerto	decir–dicho	hacer–hecho
resolver–resuelto	absolver–absuelto	imprimir–impreso	

Verbos con dos participios pasados:

Algunos verbos tienen un participio que se usa con los tiempos compuestos y otro como adjetivo.

Ejemplos

He *limpiado* el cuarto. El cuarto está *limpio*.
Hemos *elegido* al presidente. Él es el presidente *electo*.
El camarero ha *llenado* los vasos. Los vasos están *llenos* de agua.
Esta lección me ha *confundido*. Estoy un poco *confuso*.

INFINITIVO	EN TIEMPOS COMPUESTOS	COMO ADJETIVO
completar	completado	completo
concretar	concretado	concreto
confundir	confundido	confuso
corromper	corrompido	corrupto
descalzar	descalzado	descalzo
desnudar	desnudado	desnudo
despertar	despertado	despierto
elegir	elegido	electo
exceptuar	exceptuado	excepto
extender	extendido	extenso
limpiar	limpiado	limpio
abstraer	abstraído	abstracto
llenar	llenado	lleno
vaciar	vaciado	vacío
madurar	madurado	maduro
maldecir	maldecido	maldito
marchitar	marchitado	marchito
precisar	precisado	preciso
secar	secado	seco
sujetar	sujetado	sujeto
suspender	suspendido	suspenso
sustituir	sustituido	sustituto

Usos

1. Con el verbo auxiliar *haber* para formar los tiempos compuestos. (Véase la conjugación de *haber* en la pág. 2.) El participio pasado nunca cambia.

> El cohete *ha circumnavegado* la luna.
> Ellas *han hecho* un viaje a Santiago.
> Todos *hemos oído* el chiste.

2. Como adjetivo, el participio pasado concuerda en género y número con el sujeto.

> La obra de teatro es muy *divertida*.
> Me fascina el arte *abstracto*.
> El pollo *frito* es la especialidad de la cocina del sur.

3. Para expresar la voz pasiva con el verbo *ser*.

> El taxi *es conducido* por un taxista.
> Los países en vía de desarrollo *son ayudados* por los países más industrializados.

NOTA: Frecuentemente en la lengua hablada, la *d* del participio pasado de la primera conjugación (*-ado*) no se pronuncia:

> colorado = colorao
> cansado = cansao
> ¿Dónde has *comprao* ese vestido?

Ejercicios de comprobación

A. Escribir el participio pasado usado como verbo o como adjetivo.

1. Yo he (oír) _____ las noticias en la radio.

2. Pedimos dos hamburguesas y papas (freír) _____ .

3. Es un suéter (hacer) _____ a mano.

4. ¿Quién ha (leer) _____ el periódico?

5. La familia está muy (animar) _____ porque va de vacaciones.

6. Las ventanas están (abrir) _____ .

7. Cristina no ha (poner) _____ la mesa todavía.

8. ¿Están (sentar) _____ los alumnos?

9. El párrafo está muy bien (escribir) _____ .

10. Han (morir) _____ muchos soldados en las guerras.

11. Los niños no están (despertar) _____ .

12. La pobre chica tiene la pierna (romper) _____ .

13. Les he (decir) _____ a Uds. que tengo prisa.

14. El ladrón tenía la cara (cubrir) _____ con una media.

15. Nosotros estamos (resolver) _____ a sacar buenas notas en este examen y hemos (estudiar) _____ mucho.

16. Los niños, (descalzar) _____ , corren por la playa.

17. El ladrón ha (confesar) _____ que él es el culpable.

18. Es domingo, las calles del centro de la ciudad están (vaciar) _____ .

19. El niño está (despertar) _____ desde las seis.

20. La epidemia se ha (extender) _____ por todas partes.

B. Escribir dos oraciones originales sobre los acontecimientos que han ocurrido en los últimos doce meses y usar los verbos en el participio pasado.

1. en los EE.UU. _____
_____

2. en Latinoamérica _____
_____

3. en Europa _____
_____

4. en mi pueblo/ciudad _____
_____

C. Hacer una lista de cuatro cosas que aún no has hecho en tu vida.

Modelo: No me *he casado* todavía.

1. _____
2. _____
3. _____
4. _____

V. Voz pasiva

A. *La voz pasiva con el verbo* ser:

Ejemplos

Los fuegos destruyen muchos edificios.
Muchos *edificios son destruidos por* los fuegos.

Los arqueólogos de nuestro hemisferio descubren muchas ruinas de los indios.
Muchas *ruinas son descubiertas por* los arqueólogos de nuestro hemisferio.

Todo el mundo busca la felicidad.
La *felicidad es buscada por* todo el mundo.

Ejercicios de reflexión

Cambiar a la voz pasiva.

1. El niño cierra la puerta.

   _____

2. El guía explica el famoso cuadro "Guernica".

   _____

3. Las tropas enemigas invaden nuestro territorio.

   _____

4. Millones de personas ven la exposición de Nueva York.

   _____

5. Los viejos repiten los refranes.

   _____

Explicación

La voz pasiva se forma con el verbo *ser* y el participio pasado que concuerda con el sujeto. La preposición *por* precede al agente (persona o cosa que produce la acción del verbo) de la oración.

SUJETO	+	SER	+	PARTICIPIO PASADO	+	POR	+	AGENTE
La casa		es		decorada		por		el decorador

NOTA: A veces en lenguaje literario se emplea *de* en vez de *por* después de verbos de emoción tales como *amar, querer, respetar, envidiar, temer,* etc.

El dictador *es odiado de* todos.
La reina *es admirada de* todos.

B. La voz pasiva con se:

Ejemplos

El café *se cultiva* en Colombia.
Las naranjas españolas *se cultivan* en la costa mediterránea.
Este año *se verá* un cometa.
En la Argentina *se come* mucha carne de res.
El crimen *se descubrió* al fin.
Se ha visto un avión volando a gran altura.
Se hablan cuatro idiomas en Suiza.
Se prohibe fumar en el metro.

Explicación

Este uso es frecuente cuando el sujeto es una cosa y no una persona, y cuando el agente no está determinado o cuando éste no interesa.

El verbo concuerda con el sujeto.

NOTA: En español la voz pasiva no se emplea tanto como en inglés. Es preferible usar la voz activa.

Ejercicios de comprobación

A. Cambiar de la forma activa a la forma pasiva con *se.*

1. En México preparan las tortillas con maíz.

   _____

2. Escriben los adjetivos de nacionalidad con letra minúscula.

   _____

3. En España fríen el pescado en aceite de oliva.

   _____

4. En los restaurantes sirven pan con las comidas.

   _____

5. En esta clase exigen una preparación meticulosa.

   _____

B. Cambiar de la voz pasiva a la voz activa.

1. La comida es preparada por un buen cocinero.

   _____

2. Los problemas son discutidos.

   _____

3. La cosecha es destruida por la tempestad.

   _____

4. Cada año la costa es invadida por millones de turistas.

   _____

5. Los mesones son frecuentados por los universitarios.

_____

6. El embajador es nombrado por el primer ministro.

_____

7. El perrito es cuidado por la niña.

_____

8. Los terroristas son temidos de todos.

_____

9. Los buenos actores son premiados por la Academia del Cine.

_____

10. El atleta es reconocido por el público.

_____

VI. Imperativo (Mandatos)

Ejemplos

> *Cantemos* las canciones.
> "*Haz* bien y *no mires* a quien".
> "*Dime* con quién andas y te diré quien eres".
> *No os quejéis* demasiado.
> *Levántate.*
> *Siéntense.*
> *Pague* a la salida. *No le pague* la cuenta al camarero.
> *No tengas* miedo.
> *Venid* a la fiesta con nosotros.

Ejercicio de reflexión

Escribir el mandato apropiado.

1. (Venir) _____ Uds. a vernos.
2. No (olvidar) _____ tú el abrigo.
3. (Salir) _____ vosotros de la casa.
4. No (acostarse) _____ _____ Uds. tarde.
5. (Sacar) _____ Ud. el lápiz, por favor.
6. No (quedarse) _____ _____ tú mucho tiempo en la playa.
7. ¡(Levantarse) _____ Uds.!
8. No (ir) _____ nosotros a la reunión.
9. (Marcharse) _____ vosotros en seguida.
10. No (equivocarse) _____ _____ tú de la fecha de la boda.

Formación

El imperativo puede ser formal (*Ud.*, *Uds.*), familiar (*tú*, *vosotros*), exhoratativo (*nosotros*) o indirecto.

imperativo formal

El imperativo formal (*Ud.*, *Uds.*), afirmativo y negativo, se forma añadiendo *e*, *en* a la raíz de los verbos que terminan en *-ar*, y añadiendo *a*, *an* a la raíz de los verbos que terminan en *-er* o *-ir*. (Estas formas provienen del presente de subjuntivo).

HABLAR	COMER	VIVIR
(no) habl-e Ud.	(no) com-a Ud.	(no) viv-a Ud.
(no) habl-en Uds.	(no) com-an Uds.	(no) viv-an Uds.

Todos los verbos que tienen irregularidades o cambios en la raíz en la primera persona del presente, mantienen tales irregularidades o cambios en el imperativo.

REPETIR	SALIR	TRADUCIR	DORMIR	OIR
repita Ud.	salga Ud.	traduzca Ud.	duerma Ud.	oiga Ud.
repitan Uds.	salgan Uds.	traduzcan Uds.	duerman Uds.	oigan Uds.

imperativo familiar

1. La forma afirmativa del imperativo familiar singular (*tú*) se forma con la 3ª persona singular del presente de indicativo.

    habl – a (tú)   com – e (tú)   viv – e (tú)

    Los mandatos irregulares con *tú*:

decir – di	ir – ve	salir – sal	tener – ten
hacer – haz	poner – pon	ser – sé	venir – ven

    El negativo se forma con la 2ª persona singular (*tú*) del presente de subjuntivo:

    no habl – es (tú)   no com – as (tú)   no viv – as (tú)

2. El imperativo afirmativo con *vosotros* se forma sustituyendo la *r* final del infinitivo por *d*. (Esta forma se usa únicamente en España, mientras en Latinoamérica en vez de *vosotros* se usa la forma de *Uds.*)

    habla*d* (vosotros)   come*d* (vosotros)   vivi*d* (vosotros)

    Si el verbo es reflexivo, se omite la *d* final.

    sent*aos*   despert*aos*   vest*íos*

    El imperativo negativo con *vosotros* se forma con la 2ª persona plural del presente de subjuntivo.

    no habléis   no comáis   no viváis

imperativo exhortativo

El imperativo exhortativo (*nosotros*) afirmativo se forma de dos maneras.

1. vamos a + infinitivo

    Vamos a cantar.
    Vamos a volver a casa.

2. con la 1ª persona plural del presente de subjuntivo

Cantemos.
Volvamos a casa.

El imperativo negativo con *nosotros* se forma con la 1ª persona plural de subjuntivo.

No cantemos.
No volvamos todavía.

NOTA: La *s* final del verbo reflexivo se omite.

Levant*é*monos   Sent*é*monos   Despid*á*monos

mandato indirecto

El mandato indirecto se forma con la 3ª persona introducido por *que*:

¡Que venga Cristina mañana!
¡Que se levante él!
¡Que canten ellos!
¡Que lo hagan ellos!

En la forma afirmativa los pronombres complementos y los reflexivos se colocan después del verbo.

Cómalo. (el plátano)   Ábrela. (la puerta)   Ciérrelo. (el cuaderno)

En la forma negativa se colocan delante del verbo.

No lo coma.   No la abras.   No lo cierre.

Comparen estos mandatos:

AFIRMATIVO	NEGATIVO
Levántense.	No se levanten.
Háblame despacio.	No me hables de prisa.
Bésame mucho.	No me beses tanto.
Abridlo. (el libro)	No lo abráis.
Abróchenselo. (el cinturón)	No se lo abrochen.
Duchémonos.	No nos duchemos.
Vámonos.	No nos vayamos.

NOTA: Se oye el infinitivo en vez del mandato de vosotros en el lenguaje coloquial en España.

Ejercicios de comprobación

A. Cambiar la oración según el modelo usando el mandato afirmativo.

Ejemplo: Tú no comes naranjas. ¡*Come naranjas!*

1. Tú no escuchas bien. _____

2. No me dices la verdad. _____

3. Usted no va a la biblioteca para estudiar. _____

4. No le damos a él el dinero. _____

5. No salís ahora. _____

6. Uds. no lo ponen en la mesa. _____

7. Tú no empiezas el proyecto hoy. _____

8. Vosotros no seguís mi ejemplo. _____

9. Tú no duermes en el sofá. _____

10. Uds. no conducen con cuidado. _____

B. Cambiar la oración a la forma negativa.

1. Comed el pan. _____

2. Busca tus llaves. _____

3. Ve a la oficina del director. _____

4. Bañémonos en el Mediterráneo. _____

5. Hazlo para él. _____

6. Traed la merienda. _____

7. Déme Ud. su carnet de conducir. _____

8. Diviértanse Uds. en el banquete. _____

9. Devuélvemelo mañana. _____

10. Crucemos la calle en la esquina. _____

C. Escribir el mandato con el verbo indicado.

1. (sentarse) _____ Ud. en la primera fila.

2. (tener) Hijo mío, _____ cuidado.

3. (llegar) Hoy no _____ Uds. tarde.

4. (salir) _____ (nosotros) ahora mismo.

5. (pagar) _____ (vosotros) la cuenta al salir.

6. (perder) No _____ Uds. tiempo en el centro.

7. (decir) _____ Ud. siempre la verdad.

8. (acostarse) Niños, _____ en seguida.

9. (venir) _____ tú a verme cuando puedas.

10. (mantenerse) _____ Uds. en forma.

11. (callarse) _____ Uds., queremos estudiar.

12. (irse) No _____ _____ vosotros sin avisarnos.

CH. a. En las situaciones a continuación, ¿qué le dices a una amiga?

Si quieres estar bien informada, _____

_____

Si quieres sacar buenas notas, _____

_____

Si quieres ganar mucho dinero, _____

_____

Si quieres tener muchas amistades, _____

_____

b. En las situaciones a continuación, ¿qué les dicen los padres a sus hijos?

Para que ayuden en casa, _____

_____

Para que tengan buena salud, _____

_____

Para que tengan éxito en el futuro, _____

_____

Para que no tengan problemas en la vida, _____

_____

| Ejercicios de repaso |

A. Escribir la forma apropiada del verbo en el presente de indicativo.

1. Yo no _____ (conocer) bien la ciudad y por eso _____ (conducir) muy lentamente.

2. ¿Cuánto _____ (valer) las ciruelas hoy?

3. Hace un mes que vosotros _____ (ser) novios.

4. Yo no _____ (saber) qué contestarte.

5. ¿Por qué no _____ (traer) Uds. todo lo necesario para la fiesta?

6. Cuando una persona _____ _____ (caerse) en la escalera, no _____ _____ (hacerse) daño.

7. Los dos _____ (cuchichear) durante la película.

8. El sol _____ (calentar) el cuarto pequeño.

9. ¿ _____ (oler) Ud. el perfume que yo _____ (llevar)?

10. ¿ _____ _____ (acordarse) tú de la fecha de tu aniversario de boda?

11. "El perro que _____ (ladrar), no _____ (morder)."

12. ¿Qué _____ (pensar) Uds. hacer por la tarde?

13. Nosotros no lo _____ (consentir).

14. El profesor _____ (corregir) las redacciones de sus alumnos.

15. Margarita _____ (ser) una persona que nunca _____ _____ (enojarse).

16. La ambulancia _____ (acudir) al lugar del choque.

17. Carlos _____ _____ (enfermarse) cada vez que _____ (comer) mariscos.

B. Escribir el imperativo indicado.

1. (Apagar) _____ Uds. las luces al salir del cuarto.

2. (Aprovechar) _____ (tú) estos días para descansar.

3. No (acostarse) _____ _____ (tú) sin darnos un beso.

4. Señores pasajeros, (abrocharse) _____ los cinturones de seguridad y

   no (fumar) _____ .

5. (Colocar) _____ Uds. todo en esta mesa.

6. Que no (tropezar) _____ él en el pasillo.

7. (Almorzar) _____ (nosotros) al aire libre.

8. (Escoger) _____ Ud. entre estos dos colores.

9. Paco, no (desaparecer) _____ (tú) a la hora de fregar los platos.

10. Que (distribuir) _____ el gobierno la información necesaria.

11. Niños, no (moverse) _____ _____ vosotros de aquí.

12. (Cancelar) _____ Uds. sus reservas en el hotel.

13. No (pisar) _____ (tú) la hierba.

14. (Practicar) _____ nosotros la nueva canción.

15. (Producir) _____ nosotros una obra maestra.

C. Cambiar de la voz activa a la voz pasiva.

1. Miguel Ángel Asturias escribe muchas novelas.

   _____

2. La poetisa lee los poemas.

   _____

3. España e Italia exportan las frutas.

   _____

CH. Cambiar de la voz pasiva a la voz activa.

1. El Océano Pacífico es cruzado por muchos barcos.

   _____

2. La circulación es detenida por el policía.

   _____

3. Los coches son estacionados en el garaje por el encargado.

   _____

D. Cambiar de la forma activa a la forma pasiva con *se*.

1. Hablan portugués en el Brasil.

_____

2. En México comen muchos frijoles.

_____

3. En la Argentina exportan mucha carne.

_____

E. Escribir la forma apropiada de *ser* o *estar*.

1. Lo que _____ diciendo ellos, no me gusta.

2. Viña del Mar _____ en la costa del Pacífico.

3. _____ preferible que lo hagan Uds. cuanto antes.

4. El edificio _____ construido por una compañía alemana.

5. Aquella empresa _____ muy conocida por todo el mundo.

6. Tus lentes de contacto _____ muy caros; no los pierdas.

7. ¡Qué bolso tan bonito! ¿ _____ de piel?

8. La sopa _____ caliente.

9. La carnicería _____ cerca de la farmacia.

10. Ellas _____ contentas porque no hay clase hoy.

11. La cadena _____ de plata de ley.

12. _____ las dos de la madrugada; todos _____ cansadísimos.

13. Él dice que _____ de Bolivia, pero que ahora _____ aquí en Nueva York.

14. Ella _____ muy ingenua porque _____ tan joven.

15. Los estudiantes _____ alegres cuando _____ sacando buenas notas.

F. Completar las oraciones de este párrafo usando la forma apropiada del verbo entre paréntesis. Todos los tiempos del presente son posibles.

En la vida, yo siempre (haber) _____ tenido suerte aunque no me han (faltar) _____ algunas dificultades. De la infancia yo (recordar) _____ bien muchas de las actividades propias de la niñez y yo (verse) _____ _____: (jugar) _____, (correr) _____, (aprender) _____ a leer y a escribir, (viajar) _____ a casa de mis abuelos, (divertirse) _____ con mis hermanos y primos en la playa y (ver) _____ las películas de Walt Disney. De la adolescencia (tener) _____ recuerdos más recientes. Yo (pensar) _____ que entre los trece y veinte años nosotros (poder) _____ descubrir y apreciar nuestras preferencias de la edad adulta. Un joven (conocer) _____ a gente nueva, (charlar) _____ con amigos, (salir) _____ a fiestas, (oír) _____ música, (ver) _____ películas y (estudiar) _____ para prepararse para la vida adulta. Los jóvenes (tener) _____ que pasar por las etapas de los éxitos: (ganar) _____ premios en la escuela, (ser) _____ miembros del equipo de deportes que (derrotar) _____ a otro, (enamorarse) _____. Por otro lado, los jóvenes (sufrir) _____ al enfrentarse con

problemas cuando (suspender) _____ una asignatura en la escuela, cuando (ser) _____

rechazados por otros chicos o chicas y cuando (sentir) _____ la inseguridad de una nueva etapa

de la vida. Los mayores (decir) _____ que la juventud (ser) _____ la edad más feliz

de la vida. Sin embargo, los padres siempre (imponer) _____ muchas restricciones y

(repetir) _____ las mismas cosas: no (acostarse-tú) _____ _____ tarde, (comer-tú)

_____ bien, (conducir-tú) _____ más despacio y (tener) _____ cuidado.

En mi opinión, nosotros nunca (apreciar) _____ bastante lo que (tener) _____ en un

momento dado del presente. Todos (deber) _____ recordar el refrán: "El hijo del bueno,

pasa malo y bueno". Este refrán (querer) _____ decir que si nosotros (recibir) _____

una buena educación, (poder) _____ hacer frente a cualquier adversidad o dificultad de la vida.

(Haber) _____ que aprovechar de todas las experiencias que la vida nos (ofrecer) _____

y nosotros (haber) _____ de vivir (disfrutar) _____ del momento presente como

(decir) _____ la frase latina: "Carpe diem".

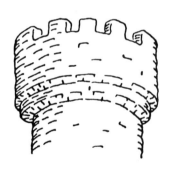

SEGUNDA LECCIÓN

LOS TIEMPOS DEL PASADO

I. Presente perfecto

Ejemplos

Esta mañana ella *se ha levantado* temprano, *ha abierto* la ventana, *ha mirado* hacia afuera, *ha visto* los árboles florecidos y *se ha sentido* de nuevo feliz.

Ellos *han venido* en bicicleta.
El médico *ha llegado* para ver al paciente.
El repartidor de periódicos *ha traído* el periódico.
La radio *ha dado* la noticia.
El hombre del tiempo *ha dicho* que va a nevar.
Los padres *han llevado* a los niños al colegio.
Nosotros *hemos desayunado* a las ocho.
El camión que recoge las botellas no *ha pasado* todavía.

Ejercicio de reflexión

Escribir la forma correcta del verbo auxiliar *haber* según el sujeto.

1. Yo _____ hablado con él hoy.

2. Tú _____ terminado rápidamente.

3. Ella _____ leído mucho este año.

4. Nosotros _____ pagado la cuenta.

5. Ud. _____ sido muy bondadoso.

6. María y yo _____ oído esta canción muchas veces.

7. Samuel y Ana _____ aprendido mucho en este curso.

8. Tú y yo _____ descubierto el tesoro perdido.

9. ¿_____ visto vosotros al profesor hoy?

10. ¿Quién le _____ recomendado este libro?

Formación

HABLAR	COMER	VIVIR
he habl-ado	he com-ido	he viv-ido
has habl-ado	has com-ido	has viv-ido
ha habl-ado	ha com-ido	ha viv-ido
hemos habl-ado	hemos com-ido	hemos viv-ido
habéis habl-ado	habéis com-ido	habéis viv-ido
han habl-ado	han com-ido	han viv-ido

Explicación

El presente perfecto expresa una acción que ha ocurrido inmediatamente antes del presente. Se conjuga con el auxiliar *haber* en el presente de indicativo y el participio pasado del verbo. También indica una acción que empezó en el pasado y cuyo resultado dura todavía.

$$\xleftarrow{\hspace{3cm}}\text{Pretérito} \quad \begin{matrix}\text{Pasado}\\\text{Reciente}\\\text{Presente Perfecto}\end{matrix} \quad \text{Presente}\xrightarrow{\hspace{3cm}}$$

Usos

1. La configuración del verbo no cambia nunca. El auxiliar *haber* siempre precede al participio pasado. No se interpone ninguna palabra entre el auxiliar y el participio pasado.

   Ella *ha perdido* la maleta. Ella la *ha perdido*.
   El toro *ha embestido* al torero. El toro lo *ha embestido*.
   Nosotros no *hemos visto* la película. No la *hemos visto*.

2. A veces se emplea para enunciar una acción que sigue en el presente.

   Él siempre *ha sido* optimista. (y sigue siéndolo)
   Él siempre *ha votado* por el partido republicano. (y sigue votando por él)

3. En interrogaciones.

   ¿*Has estado* alguna vez en México?
   ¿*Han nacido* muchos bebés en esta década?
   ¿*Has visto* la última película de Carlos Saura?

NOTA: La expresión *acabar de* puede reemplazar al presente perfecto.

   He llegado de Nueva York. *Acabo de llegar* de Nueva York.
   He arreglado el automóvil. *Acabo de arreglar* el automóvil.
   He echado gasolina en el tanque. *Acabo de echar* gasolina en el tanque.

Ejercicios de comprobación

Escribir la forma correcta del verbo auxiliar *haber* según el sujeto.

1. Toda la familia _____ estado de vacaciones.

2. ¿Dónde _____ estudiado ellos esta mañana?

3. Yo todavía no _____ puesto los platos en la mesa.

4. ¿_____ estado tú en Bolivia alguna vez?

5. El portero ya _____ abierto las puertas.

6. Nosotros no _____ comido muy bien esta semana.

7. ¿Quién _____ pintado aquel cuadro tan magnífico?

8. Carlos _____ hecho la maleta.

9. Muchos _____ muerto en las carreteras de este país.

10. Vosotros os _____ expresado muy bien en clase.

II. Pretérito

Ejemplos

> Yo *llamé* a mi prima a las diez anoche.
> La primera semana de nuestro viaje *vivimos* en un hotel.
> Tú *tuviste* el sarampión el año pasado.
> El día de mi cumpleaños *recibí* un regalo.
> *Vivió* feliz hasta que *se casó*.
> Ellos *ganaron* la lotería.
> Nosotros *fuimos* al Uruguay.
> ¿Tienes dinero? Lo *tuve* pero ya no lo tengo.

Ejercicio de reflexión

Escribir el pretérito de los verbos según el sujeto.

1. Yo (almorzar) _____ a las doce.

2. Nosotros (andar) _____ por el jardín.

3. Tú (averiguar) _____ la dirección.

4. Él (buscar) _____ el autobús.

5. Ud. (caerse) _____ _____ por las escaleras.

6. Yo (dar) _____ la contestación.

7. Ella (decir) _____ que sí.

8. Vosotros (estar) _____ en la Florida.

9. Uds. (querer) _____ salir.

10. Yo (venir) _____ en seguida.

Formación

verbos regulares:

HABLAR	COMER	VIVIR
habl-é	com-í	viv-í
habl-aste	com-iste	viv-iste
habl-ó	com-ió	viv-ió
habl-amos	com-imos	viv-imos
habl-asteis	com-isteis	viv-isteis
habl-aron	com-ieron	viv-ieron

verbos irregulares: (Véase la Tabla de Verbos.)

SER	ANDAR	CABER	TRADUCIR	DAR
(ir)	(estar)	(saber)	(producir) (conducir)	(ver)
fui	anduve	cupe	traduje	di
fuiste	anduviste	cupiste	tradujiste	diste
fue	anduvo	cupo	tradujo	dio
fuimos	anduvimos	cupimos	tradujimos	dimos
fuisteis	anduvisteis	cupisteis	tradujisteis	disteis
fueron	anduvieron	cupieron	tradujeron	dieron

HACER	DECIR	PODER	QUERER
(satisfacer)			
hice	dije	pude	quise
hiciste	dijiste	pudiste	quisiste
hizo	dijo	pudo	quiso
hicimos	dijimos	pudimos	quisimos
hicisteis	dijisteis	pudisteis	quisisteis
hicieron	dijeron	pudieron	quisieron

PONER	VENIR	TRAER	TENER
puse	vine	traje	tuve
pusiste	viniste	trajiste	tuviste
puso	vino	trajo	tuvo
pusimos	vinimos	trajimos	tuvimos
pusisteis	vinisteis	trajisteis	tuvisteis
pusieron	vinieron	trajeron	tuvieron

verbos con cambios en la raíz:

Verbos que terminan en -ir y que cambian en la raíz en la 3ª persona del singular y del plural. (Véase la Tabla de Verbos.)

e → i	o → u	e → i
divertirse	dormir	servir
me divertí	dormí	serví
te divertiste	dormiste	serviste
se divirtió	durmió	sirvió
nos divertimos	dormimos	servimos
os divertisteis	dormisteis	servisteis
se divirtieron	durmieron	sirvieron

verbos con cambios ortográficos:

verbos que terminan en	cambian	antes de	ejemplos
-gar (llegar, negar)	g → gu		llegué
-car (buscar)	c → qu	é	busqué
-zar (almorzar)	z → c		almorcé
-guar (averiguar)	u → ü		averigüé

verbos cuya raíz termina en vocal fuerte (*a, o, e*) o los que terminan en *-uir*:

	cambian	antes de	ejemplos
le-er	i → y		leyó, leyeron
ca-er	i → y	ó, e	cayó, cayeron
h-uir	i → y		huyó, huyeron
(oír, roer, corroer)			

verbos que terminan en -llir, -ñir:

	pierden la	antes de	ejemplos
-llir (zambullir)	i	ó, e	zambulló, zambulleron
-ñir (teñir, ceñir, reñir, gruñir)	i		tiñó, tiñeron

Explicación

El pretérito es un tiempo del pasado que indica una acción completamente terminada en un período de tiempo específico. Ciertas expresiones indican el uso del pretérito: *ayer, anoche, una vez, el año pasado, el sábado pasado,* etc.

Usos

Se puede usar en tono exclamativo o con sentido enfático en sustitución del presente perfecto: ¡Ya pasó el peligro! ¡Dejó de llover! ¡Se acabó la clase!

NOTA: En algunas regiones de España se emplea el presente perfecto y en gran parte de Hispanoamérica se emplea el pretérito.

> Hoy *me levanté* temprano.
> Hoy *me he levantado* temprano.

Ejercicios de comprobación

A. Escribir el pretérito de los verbos según el sujeto.

1. Tú (ser) _____ el primero.

2. Daniel (huir) _____ del león.

3. Nosotros (poder) _____ abrir la puerta.

4. Ellos (saber) _____ la verdad.

5. Yo (jugar) _____ al béisbol.

6. Uds. (seguir) _____ el camino.

7. Yo (comenzar) _____ a estudiar.

8. Vosotros (tener) _____ que hacerlo.

9. Tú (creer) _____ el cuento.

10. Vosotros (oír) _____ el ruido.

11. Los alumnos (hacer) _____ la tarea.

12. Ellas (reír) _____ a carcajadas.

13. Vosotros (traer) _____ la cesta.

14. Laura y Paula (venir) _____ ayer.

15. Tú y yo (traducir) _____ el poema.

16. Tomás y Raúl (leer) _____ la revista.

17. La gente (caber) _____ en el ascensor.

18. Los habitantes (elegir) _____ al alcalde.

19. Esa señora (gruñir) _____ cuando la despertaron.

20. Yo (tocar) _____ el timbre.

B. Contestar a las preguntas usando el pretérito.

1. ¿Buscaste el periódico? _____

2. ¿A quién eligieron Uds.? _____

3. ¿Cupo el vino en el porrón? _____

4. ¿Dónde te caíste? _____

5. ¿Viniste tarde o temprano? _____

6. ¿Pudimos hacerlo Javier y yo? _____

7. ¿Hizo Ud. el trabajo? _____

8. ¿Siguió Ud. al criminal? _____

9. ¿Oyeron Uds. las noticias? _____

10. ¿Cuando jugaste al tenis? _____

C. Escribir el pretérito según el sujeto.

1. ¿Qué (hacer) _____ tú ayer?

2. El joven (tirarse) _____ _____ al agua y (ahogarse) _____ _____ .

3. ¿Nos (dar) _____ Uds. los papeles al salir?

4. Yo (ir) _____ a la biblioteca anoche y (estar) _____ allí una hora.

5. Manuel (acostarse) _____ _____ tarde y sólo (dormir) _____ seis horas.

6. ¿Quién (pedir) _____ un lápiz?

7. Los soldados (atacar) _____ la fortaleza y algunos (morir) _____.

8. Yo (entrar) _____ en la clase tarde y (sentarse) _____ _____ en seguida.

9. ¿(Entender) _____ tú al profesor?

10. Mi hermano (conseguir) _____ un buen empleo.

11. Ella (ir) _____ a la fiesta y (divertirse) _____ _____ mucho.

12. El criminal no (decir) _____ la verdad; él (mentir) _____.

13. La profesora (leer) _____ el párrafo, luego lo (repetir) _____.

14. ¿Quién (servir) _____ la comida?

15. Ayer yo (levantarse) _____ _____ tarde, (vestirse) _____ _____ rápidamente y (correr) _____ a mi clase.

III. Imperfecto

Ejemplos

Mientras yo *dormía*, ella *miraba* la televisión.
Cuando yo *tenía* quince años, siempre *iba* al colegio con mi hermano.
Cuando yo *era* pequeño, siempre *miraba* los programas para niños.
Mi padre *solía* venir a casa después del trabajo y él y yo *jugábamos* al ping-pong.
Picasso *solía* pintar por la noche.
Todos los fines de semana mi familia y yo *esquiábamos* en la sierra.
Las montañas *eran* muy altas. Siempre *había* mucha nieve. *Hacía* mucho frío.
Algunos *patinaban* en el hielo o *se deslizaban* en un tobogán.

Ejercicio de reflexión

Escribir el verbo en el imperfecto según el sujeto.

1. Yo (querer) _____ verlo.

2. Tú (acostarse) _____ _____ temprano.

3. Ud. (ir) _____ al mercado.

4. Nosotros (ser) _____ amigos.

5. Vosotros (pedir) _____ permiso.

6. Ellas (divertirse) _____ _____ mucho.

7. De joven, yo (soler) _____ jugar en la huerta.

Formación

verbos regulares:

HABLAR	*COMER*	*VIVIR*
habl-aba	com-ía	viv-ía
habl-abas	com-ías	viv-ías
habl-aba	com-ía	viv-ía
habl-ábamos	com-íamos	viv-íamos
habl-abais	com-íais	viv-íais
habl-aban	com-ían	viv-ían

verbos irregulares:

SER	*IR*	*VER*
era	iba	veía
eras	ibas	veías
era	iba	veía
éramos	íbamos	veíamos
erais	ibais	veíais
eran	iban	veían

Explicación

El imperfecto expresa una acción durativa, repetida o habitual. A veces la acción es simultánea, en todo o en parte, a otra acción durativa.

Ciertas expresiones indican el uso del imperfecto: *siempre, con frecuencia, a menudo, de costumbre, todos los días, generalmente, normalmente, de vez en cuando.*

Usos

1. Se usa en la narración de los cuentos.

   Había una vez un niño que *tenía* una nariz muy grande.
   "*Érase* una vez una sirena que *vivía* en una gruta."

2. Para expresar una acción durativa, repetida y habitual en el pasado.

   Durante los veranos, *pescábamos* en el río.

3. Para la descripción en el pasado.

   Antonio *era* alto y también *era* simpático.

4. Cuando la acción ocurre con otra acción simultáneamente.

   Mientras yo *estudiaba*, ella *escribía* una carta.

5. En lugar del presente en formas de cortesía, de modestia o de timidez.

   ¿Qué *quería* Ud.?
   ¿Qué *deseaba* la señora?
   ¿Me *necesitaba* Ud.?

6. Para expresar la hora y la edad de una persona.

> *Eran* las dos cuando salió de su casa.
> Él *tenía* veinte años cuando terminó sus estudios.

7. Generalmente con verbos de pensamiento y verbos de emoción. (Pero a veces estos verbos se usan en el pretérito para expresar una acción muy breve. Ejemplo: ¡Ah! *Creí* que no había nadie; ¡Ah! *Pensé* que no estabas.)

> *Creía* que no iba a llover.
> Ellos *se alegraban* de estar aquí.
> *Temía* que no me reanudaran el contrato.

Leer con atención los párrafos siguientes:

Era una agradable tarde de otoño en Nueva Inglaterra. Los árboles lucían sus típicos colores otoñales y el cielo estaba de un azul intenso. Mis compañeras y yo nos conocíamos bien tras haber pasado un mes en el internado. Estábamos descansando en la sala de estar de la residencia. Algunas de las chicas miraban las telenovelas, otras entraban y salían mientras llevaban a cabo sus quehaceres de lavandería en la habitación contigua, otras planchaban, leían o simplemente estaban tumbadas en cómodos sillones.

De pronto, sonó la alarma de incendios. El ruido causó una gran estampida. Unas chicas corrieron por el pasillo hasta llegar afuera, otras caminaron hacia las puertas de la entrada principal donde teníamos que congregarnos en caso de emergencia. La profesora encargada salió rápidamente de su apartamento y preguntó si alguien sabía por qué estaba sonando la alarma. Contamos el número de chicas que se habían reunido en el exterior y nos dimos cuenta de que faltaba una. La alarma seguía sonando mientras que nosotros tratábamos de imaginar el por qué. De repente, apareció la última chica por la puerta. Llevaba un kimono de felpa, tenía el pelo empapado y estaba descalza. . . .

¿el pretérito o el imperfecto?

En oraciones en que se emplea la palabra *cuando*, el verbo que indica la acción durativa se expresa con el imperfecto y el verbo de la acción que la interrumpe se expresa en el pretérito.

> Cuando *entró* yo *dormía* (estaba durmiendo).
> *Llovía* (estaba lloviendo) cuando *empezó* a aterrizar el avión.
> Ella *planchaba* (estaba planchando) cuando alguien *llamó* a la puerta.
> Él *se duchaba* (estaba duchándose) cuando *sonó* la alarma.

Ciertos verbos como *conocer, poder, saber, tener* y *querer* cambian su significado según el tiempo del verbo.

> Yo la *conocía* hacía muchos años. (hacía tiempo)
> Yo la *conocí* anoche en la fiesta. (por primera vez)

> El perro *podía* correr por el jardín. (todos los días)
> Alguien dejó la puerta abierta y el perro *pudo* correr a la calle. (se nos escapó)

> *Quería* hablar con el jefe. (hacía tiempo que deseaba hablar con él)
> *Quise* hablar con el jefe. (traté de hablar con él)
> *No quise* hablar con el jefe. (rehusé hablar con él)

> Ella *sabía* la verdad. (hacía tiempo)
> Ella *supo* la verdad. (la descubrió)

> Él *tenía* un cheque en la mano. (lo llevaba consigo)
> Él *tuvo* un cheque de su tío. (lo recibió)

Leer con atención el párrafo siguiente:

Hace unos días, mi hermana me dijo que no podía ir conmigo a la playa porque tenía otros planes. Lo que yo no sabía era que ella había ido a una fiesta en la casa de una familia que nuestros padres conocían. Allí conoció a un chico. Cómo hablaron sólo unos minutos, mi hermana no sabía más que su nombre. El domingo, el misterioso caballero la llamó y le preguntó si quería ir con él al cine. Mi hermana, que no quería rechazar la invitación, quedó en salir con él.

Ejercicios de comprobación

A. Escribir el pretérito o el imperfecto según el sentido de la oración.

1. Mientras su padre (trabajar) _____ en el taller, el niño le (contar) _____ sus sueños.

2. El volcán (empezar) _____ a echar lava cuando ellos (llegar) _____ .

3. Cuando yo (conducir) _____ por la autopista, de repente yo (ver) _____ un oso.

4. Siempre su madre (empeñarse) _____ _____ en cuidarle demasiado.

5. La semana pasada todos (asistir) _____ al funeral del rey.

6. (Ser) _____ las once cuando (aterrizar) _____ el avión.

7. Normalmente nosotros (salir) _____ temprano y (desayunar) _____ en el pueblo de Medina.

8. Yo le (prestar) _____ dinero a menudo.

9. Cuando tú (vivir) _____ allí, (tener) _____ unos amigos que (ser) _____ encantadores.

B. Subrayar el verbo adecuado según el sentido de la oración.

Hace dos años, cuarenta estudiantes (se reunieron, se reunían) en Nueva York antes de salir para España. En el aeropuerto JFK (se conocieron, se conocían) por primera vez. Todos (estuvieron, estaban) un poco nerviosos pensando en las experiencias que les (esperaron, esperaban). (Llegó, Llegaba) la hora de la salida y (se despidieron, se despedían) de sus familias. (Hizo, Hacía) un día espléndido cuando el avión (aterrizó, aterrizaba) en Barcelona. Después de pasar por la aduana, (subieron, subían) al autobús que les (fue, iba) a llevar a un pueblo pequeño al lado del mar. El hotel (estuvo, estaba) situado en la calle principal. Todos los días (hubo, había) varias sesiones con los profesores y, en su tiempo libre, los estudiantes (pudieron, podían) explorar el pueblo y practicar su español en las tiendas y los cafés. Una tarde un muchacho (estuvo, estaba) cruzando la calle cuando un autobús lo (atropelló, atropellaba). ¡Qué susto! Después de unas horas de agitación todos (supieron, sabían) que el chico (estuvo, estaba) bien. El director (se sintió, se sentía) aliviado cuando el chico (bajó, bajaba) a la planta principal del hotel y (dijo, decía): —Tengo hambre. ¿Hay algo de comer?

C. Escribir el verbo en el pretérito o imperfecto.

(Ser) _____ una noche sin luna al noroeste de Newcastle en una antigua casa que (haber) _____ sido convertida en hotel. Un huésped, de origen norteamericano, (alegrarse) _____ _____ de haber escogido el hotel, aunque (estar) _____ muy aislado, cerca de la frontera con Escocia.

Aquella noche él (encontrarse) _____ _____ muy cansado y (subir) _____ a su habitación después de la cena. A eso de las diez de la noche, la puerta de su cuarto (abrirse)

_____ _____ y una señora (entrar) _____ y (dirigirse) _____ _____ hacia

el reloj que (estar) _____ en la pared opuesta a la ventana. (Abrir) _____ la puerta de

cristal que (cubrir) _____ la cara del reloj y le (dar) _____ cuerda. El hombre

(despertarse) _____ _____ al oír el ruido. La señora (terminar) _____ su tarea y

(marcharse) _____ _____ muy silenciosamente.

A la mañana siguiente el dueño del hotel le (explicar) _____ al huésped que esa señora

(ser) _____ . . .

IV. Pluscuamperfecto

Ejemplos

El cheque, que el jefe me _había enviado_ en el mes de abril, llegó en el mes de octubre.
Ya _había terminado_ de leer el libro cuando me lo pidió.
Habíamos alquilado un barco, por lo tanto, pudimos salir a navegar.
Yo ya _había encendido_ un cigarro cuando me di cuenta de que no se podía fumar.

Ejercicio de reflexión

Escribir el verbo en el pluscuamperfecto.

1. Ellos no (hacer) _____ _____ nada en dos días.

2. Él (desmayarse) _____ _____ _____ a causa del calor.

3. Antes nosotros no los (conocer) _____ _____ .

4. Tú me lo (decir) _____ _____ varias veces.

5. Yo (dejar) _____ _____ de fumar.

Formación

HABLAR	COMER	VIVIR
había hablado	había comido	había vivido
habías hablado	habías comido	habías vivido
había hablado	había comido	había vivido
habíamos hablado	habíamos comido	habíamos vivido
habíais hablado	habíais comido	habíais vivido
habían hablado	habían comido	habían vivido

Explicación

Se utiliza con el verbo auxiliar *haber* en el imperfecto y el participio pasado del verbo principal.

El pluscuamperfecto se emplea para expresar una acción anterior a otra acción pasada. Es un tiempo cronológicamente anterior al pretérito.

Pluscuamperfecto / Pretérito / Presente perfecto / Presente

Él no *había terminado* sus deberes, por eso fuimos al cine sin él.
Cuando llegué al teatro, ya *había empezado* la obra.
Mi amigo me prestó cinco dólares porque se me *había olvidado* el dinero.

NOTA: Para expresar una acción inmediatamente anterior a otra en el pasado, se utiliza también la expresión *acabar de* en el imperfecto.

Acababa de cambiar el semáforo cuando ocurrió el choque.
Acababa de sonar el timbre cuando él entró.

Ejercicios de comprobación

A. Escribir el verbo en el pluscuamperfecto.

1. Vosotros (expresarse) _____ _____ _____ perfectamente.

2. No queríamos confesar que el señor nos (engañar) _____ _____.

3. Yo lo sabía porque él me lo (escribir) _____ _____.

4. Los tres niños (comer) _____ _____ todo el desayuno.

5. Unos guardias le (indicar) _____ _____ el camino.

6. David dijo que (poner) _____ _____ el paraguas en el pasillo.

B. Cambiar el verbo al pluscuamperfecto.

1. Yo *me despedí* de mi madre. _____

2. Ella *terminó* la tarea. _____

3. *Pusimos* los platos en la mesa. _____

4. Nosotros *creíamos* la noticia. _____

5. Vosotros *entrabais* en la oficina. _____

6. Ellos *vinieron* a visitarnos. _____

7. El mendigo me *pidió* dinero. _____

8. Las niñas *se rieron* mucho. _____

9. El portero *abría* la puerta. _____

10. Los jugadores *hicieron* un gran esfuerzo para ganar. _____

C. Escribir el verbo en el pluscuamperfecto y terminar la oración.

1. Yo (dejar) _____ _____ de fumar porque _____

_____

2. Ellos no les (devolver) _____ _____ el cambio porque _____

_____

3. El dueño nos (decir) _____ _____ que _____

_____

4. El despertador (sonar) _____ _____ pero el muchacho _____

_____

V. Voz pasiva

- en el pretérito
- en el imperfecto
- en el presente perfecto
- en el pluscuamperfecto

Ejemplos

La Florida *fue explorada* por Ponce de León.
El rey *era admirado* de todos.
El automóvil *ha sido reparado* por el mecánico.
Las flores que me regaló *habían sido importadas* de Colombia.

Ejercicios de comprobación

Cambiar a la voz pasiva.

1. El mecánico reparó el automóvil. _____
2. Los alumnos repetían los refranes. _____
3. El inspector había revisado la máquina. _____

_____

4. La muchacha ha fregado los platos. _____

_____

NOTA: La voz pasiva se puede expresar en todos los tiempos.

Ejercicios de repaso

A. Subrayar la forma apropiada.

El pasado marzo unos estudiantes de nuestro colegio (hacían, hicieron) un viaje a la República Dominicana. (Salían, Salieron) del aeropuerto de Nueva York en un vuelo "charter". En Nueva York (hacía, hizo) mucho frío pero al llegar al aeropuerto de Santo Domingo todos, en seguida, (notaban, notaron) la diferencia de temperatura. ¡Qué alegres (se ponían, se pusieron)! (Pasaban, Pasaron) la noche en la capital. El próxima día (partían, partieron) para Santiago de los Caballeros donde (iban, fueron) a pasar dos semanas conviviendo con familias de esa hospitalaria ciudad.

Las nuevas familias los (recibían, recibieron) en la estación de autobuses y los (llevaban, llevaron) a sus respectivas casas.

Los dos primeros días (eran, fueron) los más difíciles. Adaptarse a una lengua y costumbres diferentes les (costó, costaba) un gran esfuerzo. Pero pronto, sin apenas darse cuenta, su estancia en Santiago (terminaba, terminó). Después de una triste despedida (volvían, volvieron) a Santo Domingo a tomar el avión de vuelta a Nueva York. Todos (sentían, sintieron) una gran satisfacción por haber descubierto otra cultura. Al desembarcar en Nueva York (decidían, decidieron) que (iban, fueron) a volver a la isla para ver a sus nuevos amigos en la primera ocasión que tuvieran.

B. Escribir el pretérito de los verbos según el sujeto.

1. Yo (vivir) _____ dos años en Los Ángeles.

2. El taxista no (conducir) _____ con mucho cuidado.

3. Ellos (casarse) _____ _____ el año pasado.

4. No fui con ellos porque yo no (caber) _____ en el coche.

5. ¿Quién (hacer) _____ el trabajo?

6. Nosotros (leer) _____ todo el periódico.

7. Yo (sacar) _____ mi lápiz.

8. Antonio (estar) _____ aquí ayer.

9. El camarero nos (servir) _____ el desayuno.

10. Ellos (huir) _____ del huracán.

11. Yo (empezar) _____ a escribir.

12. ¿(Saber) _____ Uds. la verdad?

13. Tú y yo (ir) _____ al cine el sábado.

14. Sofía (poner) _____ los paquetes en la mesa.

15. Ella me (dar) _____ las llaves.

C. Escribir el imperfecto de los verbos según el sujeto.

1. Ella y yo (andar) _____ por el jardín.

2. Él (tener) _____ dieciocho años cuando se graduó.

3. Tú (escribir) _____ todos los días.

4. Mi hermanita (ser) _____ muy joven en aquel entonces.

5. Nosotros (levantarse) _____ _____ temprano de vez en cuando.

6. Ellos (verse) _____ _____ con frecuencia.

7. Vosotros (jugar) _____ muy bien.

8. Yo (estar) _____ en el estadio con mi amigo.

9. Ella y yo (ir) _____ a los bailes los viernes.

10. ¿(Querer) _____ tú ver al artista?

CH. Escribir el verbo en el presente perfecto y en el pluscuamperfecto.

1. Yo vengo en el coche. _____ _____

2. Ella no dice la verdad. _____ _____

3. Nosotros leemos el diario. _____ _____

4. Tú te levantas tarde. _____ _____

5. Vosotros vivís en Uruguay. _____ _____

6. Ellos abren las cartas. _____ _____

7. Yo no oigo el ruido. _____ _____

8. Nosotros nos divertimos. _____ _____

9. ¿Traes tu traje de baño? _____ _____

10. Uds. se ponen pálidos. _____ _____

D. Cambiar la oración para expresar la voz pasiva según el tiempo del verbo.

1. Ángela terminará el proyecto.

   _____

2. La enfermera ayudó al paciente.

   _____

3. Las orugas invadieron la casa de Jaime.

   _____

4. El arquitecto diseñó una casa.

   _____

5. Saura ha dirigido varias películas premiadas en los festivales de cine.

   _____

E. Escribir la forma del verbo en el tiempo apropiado.

1. Siempre (llover) _____ en el mes de abril.

2. Cuando entro en el cuarto, yo (cerrar) _____ la puerta.

3. Salimos ayer y (andar) _____ tres millas hasta el pueblo.

4. Cuando Pepe (ser) _____ joven, siempre (ir) _____ al lago para nadar.

5. ¿Por quién fue (escribir) _____ *Don Quijote de la Mancha?*

6. ¿Vas a (sentarse) _____ aquí?

7. Me pidió cien pesos, pero sólo le (dar) _____ diez.

8. Yo estaba mirando la televisión cuando mis amigos (entrar) _____.

9. Antes de (acostarse) _____, nos cepillamos los dientes.

10. Mi madre no ha (volver) _____ a casa todavía.

11. Ahora ellos (preferir) _____ leer las aventuras de los piratas.

12. Cuando ellos vienen aquí, nosotros los (ver) _____.

13. ¿De dónde (ser) _____ tu prima?

14. Enrique pintó la casa y lo (hacer) _____ muy bien.

15. ¿Estás (leer) _____ algo interesante ahora?

F. Cambiar el verbo a la forma progresiva durativa del imperfecto.
   imperfecto → progresivo en el pasado

1. Ellos *seguían* una pista.

———————————————————————————————————

2. Isabel *leía* una novela policíaca.

———————————————————————————————————

3. Siempre me *pedían* dinero.

———————————————————————————————————

4. El loro *repetía* las frases de su amo.

———————————————————————————————————

5. Los granizos que *caían, destruían* las plantas.

———————————————————————————————————

G. Escribir el pretérito o el imperfecto según el sentido de la oración y terminar cada una de manera original.

1. Uds. (estar) —————— en España cuando la guerra ————————————————.
2. Rolando (tocar) —————— el violín mientras que Ana ————————————————.
3. Carlos y Pilar (querer) —————— comprar la casa que ————————————————.
4. La última vez que nosotros (ir) —————— al parque zoológico ————————————.
5. Ayer yo no (jugar) —————— al tenis porque ————————————————————.
6. Hacía tiempo que ellos (vivir) —————— allí cuando el gobierno ————————————.
7. El viernes ellas (visitar) —————— el acuario donde ——————————————————.
8. ¿Qué (hacer) —————— vosotros cuando ——————————————————?
9. Cuando Mozart (ser) —————— joven, ——————————————————————.
10. En mis horas de ocio yo (leer) —————— novelas que ——————————————.

H. Escribir el pretérito o el imperfecto según el sentido de la oración.

Cuando mis hermanos y yo (ser) —————— pequeños, mi familia (vivir) —————— en una isla del Mar Caribe. Un acontecimiento histórico nos (obligar) —————— a marcharnos al extranjero y a cambiar por completo nuestras vidas. Yo nunca (haber) —————— volado en avión y el viaje me (parecer) —————— una gran aventura. Mi última imagen de la isla (ser) —————— la de una costa soleada y un mar agitado. El vuelo (durar) —————— unas seis horas. A medianoche, el avión (aterrizar) —————— en Nueva York. Nadie (tener) —————— sueño y todos los pasajeros (estar) —————— locos por salir al aire libre. Mis tíos abuelos (residir) —————— en la ciudad y ellos (haber) —————— venido a esperarnos. En inmigración, los agentes les (hacer) —————— muchas preguntas a mi padres. –¿Dónde (haber) —————— nacido (ellos)? –¿Por qué (querer) —————— (ellos) venir a los EE.UU.? –¿Dónde (ir) —————— a vivir la familia? –¿Cuáles (ser) —————— sus profesiones? Mis padres (contestar) —————— a todas las preguntas y al final ellos (pedir) —————— asilo político. Una vida nueva (empezar) —————— para nosotros.

I. Terminar las oraciones a continuación usando el pluscuamperfecto.

1. Los ríos estaban contaminados porque _____.

2. El clima de la tierra cambiaba porque _____.

3. Los consumidores sólo compraban alimentos naturales porque _____

_____.

4. Los automóviles nuevos eran más pequeños porque _____

_____.

5. Reciclaban los periódicos y demás papeles porque _____

_____.

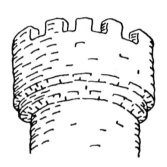

TERCERA LECCIÓN

LOS TIEMPOS DEL FUTURO Y DEL CONDICIONAL

I. Futuro

Ejemplos

Los presupuestos del gobierno *subirán* debido a la crisis internacional.
La agencia de viajes *preparará* el itinerario de nuestro viaje.
Los amigos *harán* un viaje en marzo.
El silbato del barco *anunciará* la salida.
La semana próxima *conocerás* a tu compañero de cuarto.
Nosotros nos *entrenaremos* para las olimpiadas.
Después de la clase *vamos a tomar* un refresco.
Dentro de unas horas *voy a ir* a Boston.

Ejercicio de reflexión

Escribir el verbo en el futuro.

1. Yo (volver) _____ mañana.

2. Nosotros (recibir) _____ pronto el cheque.

3. La maestra nos (enseñar) _____ las costumbres de los hispanos.

4. ¿Adónde (ir) _____ Uds. este fin de semana?

5. Vosotros (escribir) _____ el futuro de estos verbos.

6. Todos (estar) _____ preparados para salir.

7. ¿(Llegar) _____ (tú) tarde o temprano?

8. Mi padre (tener) _____ sus vacaciones en junio.

9. Teresa (querer) _____ ir al teatro.

10. Tú y yo (sentarse) _____ _____ cerca de la ventana.

Formación

verbos regulares:

El futuro se forma con el infinitivo del verbo más las terminaciones del presente de indicativo del verbo *haber: -é, -ás, -á, -emos, -éis, -án.* Todas las terminaciones llevan acento escrito menos *-emos.*

HABLAR	*COMER*	*VIVIR*
hablar-é	comer-é	vivir-é
hablar-ás	comer-ás	vivir-ás
hablar-á	comer-á	vivir-á
hablar-emos	comer-emos	vivir-emos
hablar-éis	comer-éis	vivir-éis
hablar-án	comer-án	vivir-án

verbos irregulares:

decir	→ d*i*ré	salir	→ sal*d*ré
hacer	→ h*a*ré	tener	→ ten*d*ré
poder	→ po*d*ré	valer	→ val*d*ré
poner	→ pon*d*ré	venir	→ ven*d*ré
querer	→ que*rr*é	caber	→ ca*b*ré
saber	→ sa*b*ré	satisfacer	→ satisfa*r*é
haber	→ ha*b*ré		

NOTA: La irregularidad ocurre en la raíz, no en la terminación.

Ejercicios de comprobación

Escribir el verbo en el futuro.

1. Aunque está lloviendo, ellos (seguir) __seguirán__ jugando en la lluvia.
2. ¿Cuántos años (tener) __tendrá__ ese tío?
3. Nosotros nunca (olvidarse) __nos__ __olvidaremos__ de esto.
4. Los niños no deben ir solos porque (perderse) __se__ __perderán__ en la ciudad.
5. ¿Cuánto (valer) __valdrá__ ese reloj de oro?
6. ¿A qué hora (salir) __saldrá__ vosotros?
7. Él (satisfacer) __satisfará__ los requisitos.
8. Nuestros primos (decir) __dirán__ que sí.
9. Creo que él no (querer) __querrá__ pasar la noche allí.
10. ¿Cuántas personas (haber) __habrán__ en la reunión?

futuro inmediato:

Presente / Futuro Inmediato / Futuro

Para expresar la intención de ejecutar una acción inmediatamente, no se emplea el futuro, sino el presente del verbo *ir + a + infinitivo*.

Va a nevar.
Vamos a salir en seguida.
Voy a llamar por teléfono.
Vas a aprender los futuros irregulares esta tarde.

Ejercicios de comprobación

A. Escribir la forma correcta del verbo *ir* para expresar el futuro inmediato.

1. Yo creo que __vaya__ a llover.
2. Los estudiantes __van__ a jugar.

3. Tú _____*vas*_____ a comprar el vestido.

4. Roberto y José _____*van*_____ a llamarnos.

5. Nuestros amigos _____*van*_____ a visitarnos.

6. El tren _____*va*_____ a llegar dentro de pocos minutos.

7. Yo _____*voy*_____ a hacerlo ahora mismo.

8. ¿_____*Vais*_____ vosotros a comprar estos zapatos?

9. Nosotros _____*vamos*_____ a comer en este restaurante.

10. Ellas _____*van*_____ a acabar su tarea en seguida.

B. Escribir el verbo para expresar el futuro o el futuro inmediato (*ir + a + infinitivo*) según el sentido de la oración.

1. Después de comer un bocadillo ellos (jugar) _*van a jugar*_ al tenis.

2. Nosotros (hacer) _*vamos a hacer*_ un viaje al sur el próximo verano.

3. Ahora Paco (estudiar) _*estudiará*_ economía en la universidad.

4. La semana que viene (empezar) _*van a empezar*_ las clases otra vez.

5. ¿(Vivir) _*vivirán*_ Uds. en Madrid dentro de dos años?

6. Si comes esta manzana verde, (enfermarse) _*te enfermarás*_.

7. El despertador (sonar) _*va a sonar*_ a las seis y media. Son las seis y veinte.

8. Yo (ahorrar) _*voy a ahorrar*_ el dinero que tengo; no voy a gastarlo.

9. Tú (acordarse) _*te acordarás*_ siempre de esto.

10. Si nos da mucha tarea para el fin de semana, yo (quejarse) _*voy a quejarme*_ inmediatamente.

ir + a + infinitivo = después de un poco

futuro = después de más

Usos

1. Para expresar una acción que va a ocurrir en el futuro.

Mañana *lloverá*.
Hará mucho frío en enero.
Tendremos vacaciones en agosto.

2. Con el futuro se expresa la probabilidad, conjetura o vacilación en el presente.

Alguien llama a la puerta. ¿Quien *será*? *conjetura*
¿*Será* mi tía? *conjetura*
¿*Será* interesante ese programa de televisión? *vacilación*
Ese automóvil grande *gastará* (probablemente gasta) cuatro litros de gasolina cada treinta kilómetros. *probabilidad*
¿Lo *haré* o no lo *haré* ahora? *vacilación*
El *trabajará* mucho pero no se nota. *probabilidad*
¿*Irá* a *dar*nos un examen el profesor? *conjetura*

3. A veces sustituye al imperativo.

¡*Terminarán* los ejercicios y se los darán al profesor!
¡*Iremos* a Pamplona!

4. En oraciones que expresan una simple condición el resultado se expresa generalmente con el futuro.

Condición		Resultado
Si eres bueno	/	te *compraré* un helado.
Si estás cansado	/	no *vendrás* conmigo.
Si estudian	/	*aprobarán* el curso.
Si tengo dinero	/	*iré* a Boston el sábado.

NOTA: No se usa el futuro después de *si*.

Ejercicios de comprobación

A. Escribir el verbo en el futuro.

1. ¿Qué (hacer) __harán__ ellos con tanto equipaje?
2. Elvira (salir) __saldrá__ para San Francisco el mes que viene.
3. Los militares (apoderarse) __se____ apoderán__ del gobierno.
4. Tú nunca (descubrir) __descubrirás__ el tesoro.
5. (Nevar) __Nevará__ dentro de tres semanas.
6. En quince días yo (estar) __estaré__ tomando el sol en la costa.
7. Los comerciantes no (bajar) __bajarán__ los precios.
8. ¿(Venir) __Vendrá__ Ud. a la celebración?
9. Quién (ser) __será__ el que acaba de llegar?
10. Ella (despedirse) __se____ despedirá__ de su novio en la estación.

B. Escribir el verbo en el futuro.

1. Daniel nos lo (decir) __dirá__ todo al llegar.
2. (Hacer) __Hará__ mucho calor aquí este verano.
3. Antes de salir de casa yo (ponerse) __se____ ponré__ el abrigo.
4. Mañana temprano, tú y yo (dar) __daremos__ un paseo en el parque.
5. Los médicos (examinar) __examinarán__ al paciente.
6. Durante las vacaciones Ud. y su madre (pasar) __pasarán__ unas semanas en Ibiza.
7. ¿(Jugar) __Jugaréis__ vosotros al tenis esta tarde?
8. Al llegar al pie de la montaña, yo (quitarse) __me____ quitaré__ los esquíes.
9. La señorita nos (vender) __venderá__ las flores.
10. ¿(Poder) __Podrás__ tú venir a verme mañana?

II. Futuro perfecto

Ejemplos

A las siete ya *habrán terminado* de cenar y podremos salir juntos.
A las tres el avión ya *habrá despegado*.
Si llegas tarde, la comida ya *se habrá enfriado*.
Para junio muchos estudiantes ya *se habrán graduado*.
Para el fin del año los rehenes ya *habrán sido* liberados.

Ejercicio de reflexión

Escribir el futuro del verbo *haber* para completar el futuro perfecto.

1. Yo _____ *habré* _____ leído la revista.
2. Tú _____ *habrás* _____ escrito la carta.
3. Gregorio _____ *habrá* _____ visto la película.
4. Tú y ella _____ *habrán* _____ terminado la tarea.
5. Nosotros _____ *habremos* _____ aprendido mucho.
6. Los jugadores _____ *habrán* _____ ganado el campeonato.
7. Al terminar este año nosotros _____ *habremos* _____ aprendido mucho.
8. Vosotros _____ *habréis* _____ dado un paseo.
9. La maestra _____ *habrá* _____ vuelto a las cinco.
10. ¿Quiénes _____ *habrá* _____ visitado el museo?

Formación

El futuro perfecto es un tiempo compuesto. Para formar este tiempo se emplea el futuro del auxiliar *haber*, más el participio pasado del verbo principal.

HABLAR	*COMER*	*VIVIR*
habré hablado	habré comido	habré vivido
habrás hablado	habrás comido	habrás vivido
habrá hablado	habrá comido	habrá vivido
habremos hablado	habremos comido	habremos vivido
habréis hablado	habréis comido	habréis vivido
habrán hablado	habrán comido	habrán vivido

Presente / Futuro Inmediato / Futuro Perfecto / Futuro

En la forma del futuro perfecto los pronombres complementos y reflexivos se colocan antes del auxiliar *haber*.

Tú *lo habrás hecho* sin darte cuenta.
Ud. *la habrá limpiado* antes de la llegada de sus amistades. (la casa)
Ellas no *la habrán pagado*. (la cuenta)
Nosotros *nos habremos acostado* muy tarde.

Usos

1. Para expresar una acción en el futuro anterior a otra acción también venidera.

> A medianoche los niños ya *se habrán acostado* y podremos conversar.
> Ya *se habrán ido* y nosotros no los veremos.
> Si llegas a las siete, yo ya *habré comido* y no podremos comer juntos.

NOTA: Obsérvese que el adverbio *ya* es una clave para el uso del futuro perfecto.

> Para las ocho *ya habremos terminado.*
> Cuando abras la puerta, *ya habremos desaparecido.*

2. Para expresar probabilidad en una acción concluida.

> ¿Quién *habrá roto* esta ventana? *Habrá sido* el niño.
> En el año 2000, ¿cuántos *habrán viajado* a la luna?

Ejercicios de comprobación

A. Escribir el verbo en el futuro perfecto.

1. El ladrón (huir) _habrá_ _huido_ con todo.
2. La fruta (caerse) _se_ _habrá_ _caído_ de las ramas.
3. Ellos (vestirse) _se_ _habrán_ _vestidos_ de luto.
4. Yo ya (hacer) _habré_ _hecho_ la maleta.
5. Tú (volver) _habrás_ _volvido_ antes de nuestra llamada.
6. Los estudiantes (escribir) _habrán_ _escribidos_ las respuestas.
7. Antes de las once nosotros (acostarse) _nos_ _habremos_ _acostados_.
8. Para noviembre vosotros (aprender) _habréis_ _aprendido_ mucho.
9. ¿Quién (averiguar) _habrá_ _averiguadas_ las fechas?
10. Nosotros (elegir) _habremos_ _elegidos_ a los candidatos.

B. Completar las oraciones escribiendo el verbo en el futuro perfecto.

1. Antes de entregar una composición,
   - tú (ir a la biblioteca) _Tú habrás ido a la biblioteca_
   - (hacer la investigación) _Habrás hecha la investigación_
   - (organizar los apuntes) _Habrás organizados los apuntes_
   - (escribir tus ideas) _Habrás escribidos tus ideas_

2. Antes de comer una tortilla española,
   - yo (pelar las patatas) _Habré pelados las patatas_
   - (batir los huevos) _Habré batidos los huevos_
   - (sacar una sartén) _Habré sacada una sartén_
   - (freír en aceite los ingredientes) _Habré freído en aceite los ingredientes_

3. Antes de salir de viaje,

        nosotros (hacer las reservas) _habremos hechas las reservas_

        (despedirse de los amigos) _nos habremos despedidos de los amigos_

        (sacar el pasaporte) _habremos sacado el pasaporte_

        (comprar cheques de viajero) _habremos comprados cheques de viajero_

4. Antes de acostarse,

        Uds. (lavarse) _se habrán lavado_

        (cepillarse los dientes) _se habrán cepillados los dientes_

        (ponerse el pijama) _se habrán ponido el pijama_

        (decir "Buenas Noches") _habrán dicho_

C. Terminar las oraciones usando el futuro perfecto.

1. Para fines del mes de octubre, las hojas _habrán_ .

2. Para fines del mes de febrero, la nieve _habrán caído_ .

3. Para fines del mes de abril, las flores _habrán hechos_ .

4. Para fines del mes de junio, nosotros _habremos jugado_ .

5. Para fines del mes de agosto, yo _habré trabajado por escuela_ .

III. Condicional (Potencial)

Ejemplos

> Me dijo que _llegaría_ mañana.
> Creí que él lo _comprendería_.
> Por favor, ¿_podría_ Ud. ayudarme?
> ¿Les _gustaría_ disfrutar de unas vacaciones?
> Creo que este cambio _sería_ muy conveniente.
> Me parece que yo no _serviría_ para eso.
> Me _gustaría_ ir a México este verano.
> Yo _diría_ que sí a eso.

Ejercicio de reflexión

Escribir el verbo en el condicional (potencial).

1. Ella (tener) _tendría_ la paciencia de una santa.

2. No (pensar) _pensaríamos_ nosotros en tales remedios.

3. ¿(Salir) _saldrías_ tú sola de noche?

4. Los Núñez nos (ayudar) _ayudarían_ a todos.

5. Los Reyes Magos no (dejar) _dejarían_ regalos para los niños malos.

6. Yo (estar) _estaría_ dispuesta a trabajar contigo.

7. ¿(Haber) _Habría_ una manera de entrar en el palacio?

8. Dijo que lo (hacer) _haría_ mañana.

9. Escribieron que nos (mandar) _____mandarían_____ el paquete pronto.

10. Me (gustar) _____gustaría_____ hacer un viaje al Perú.

11. ¿Qué (hacer) _____harías_____ tú con un millón de dólares?

12. Ella dijo que (poder) _____podría_____ ir con nosotros.

13. Nosotros (querer) _____queríamos_____ comer bien esta noche.

14. Yo (divertirse) __me__ _____divertiría_____ mucho en Río de Janeiro pero tengo que trabajar aquí.

15. (Ser) _____Serían_____ las siete cuando llegaron.

Formación

verbos regulares:

El condicional se forma con *el infinitivo* del verbo más las terminaciones del imperfecto de indicativo del verbo *haber: -ía, -ías, -ía, -íamos, -íais, -ían.*

HABLAR	COMER	VIVIR
hablar-ía	comer-ía	vivir-ía
hablar-ías	comer-ías	vivir-ías
hablar-ía	comer-ía	vivir-ía
hablar-íamos	comer-íamos	vivir-íamos
hablar-íais	comer-íais	vivir-íais
hablar-ían	comer-ían	vivir-ían

verbos irregulares:

decir–di*ría*	querer–quer*ría*	salir–sal*dría*	venir–ven*dría*
hacer–ha*ría*	saber–sab*ría*	tener–ten*dría*	poner–pon*dría*
poder–po*dría*	haber–hab*ría*	valer–val*dría*	caber–ca*bría*
satisfacer–satisfa*ría*			

Usos

1. Para indicar una acción futura con relación al pasado.

> Me dijo que *llegaría* mañana.
> Decía el profesor que no *tendríamos* un examen hoy.

2. Para indicar probabilidad, conjetura o vacilación en el pasado.

> *Serían* las cinco cuando ocurrió el accidente.
> *Sería* Pedro quien llamó.
> ¿Quién *sería* el que trató de asesinar al líder político? *Sería* un miembro de la oposición.

3. Para reforzar las formas de cortesía, amabilidad o modestia.

> ¿*Desearía* Ud. algo?
> ¿Le *gustaría* a Ud. sentarse?
> ¿*Desearías* venir con nosotros?
> ¿Les *gustaría* a Uds. comer con nosotros?
> ¿*Podría* Ud. ayudarme?

NOTA: Para expresar el resultado en una condición hipotética. (La condición hipotética se expresa con el imperfecto del subjuntivo.) (Véase Cuarta Lección pág. 71, número 2.)

Condición Hipotética		*Resultado*
Si tuvieran el dinero	/	*irían* al cine.
Si yo fuera él	/	no lo *haría*.
Si pudiéramos hacerlo	/	*seríamos* famosos.
Si estudiaras más	/	*saldrías* bien en los exámenes.
Si no lloviera	/	*jugaríamos* al tenis.
Si me pidieras la chaqueta	/	te la *daría*.

Ejercicios de comprobación

Escribir el verbo en el condicional.

1. Le prometí que yo no lo (hacer) __haría__ .

2. Dijeron que (volver) __volvería__ al mediodía.

3. ¿Adónde (ir) __iría__ María a esas horas?

4. ¿No (haber) __habría__ otra ruta más directa?

5. ¿(Desear) __Desearías__ tú acompañarme?

6. ¿(Poder) __Podrían__ ellos indicarnos la mejor fecha para hacerlo?

7. Nosotros (invitar) __invitaríamos__ a todos los vecinos.

8. Yo (desmayarse) __me__ __desmayaría__ al ver un fantasma.

9. (Ser) __Sería__ la una y media cuando volvieron.

10. ¿Qué (decir) __diría__ él sobre este asunto?

11. Sé que vosotros (tratar) __trataríais__ de complacernos.

12. La pobre (tener) __tendría__ unos noventa años cuando murió.

13. El capitán (anunciar) __anunciaría__ la llegada del vuelo.

14. ¿Quién (querer) __querría__ confesarlo?

15. Nosotros (leer) __leeríamos__ todos los artículos escritos por él.

IV. Condicional perfecto

Ejemplos

Me dijeron que *habrían terminado* su tarea a las doce.
El médico dijo que ella *habría dado* a luz para las diez.
Habría querido ir a Cancún, pero no pude.
Si hubieras venido, te *habríamos invitado* a comer.

Ejercicio de reflexión

Escribir el condicional perfecto.

1. El niño (compartir) _habría_ _compartido_ los bombones con su amiguito.
2. ¿Quién le (prestar) _habría_ _prestado_ tanto dinero?
3. Los países ricos (ayudar) _habrían_ _ayudado_ a los países pobres.
4. ¿Qué nación (invadir) _habría_ _invadido_ otro país en un momento de crisis?
5. Esas cosechas no (satisfacer) _habrían_ _satisfecido_ las necesidades de la gente.

Formación

Se forma con el condicional del verbo auxiliar *haber* y el participio pasado del verbo principal.

HABLAR	*COMER*	*VIVIR*
habría hablado	habría comido	habría vivido
habrías hablado	habrías comido	habrías vivido
habría hablado	habría comido	habría vivido
habríamos hablado	habríamos comido	habríamos vivido
habríais hablado	habríais comido	habríais vivido
habrían hablado	habrían comido	habrían vivido

En la forma del condicional perfecto los pronombres complementos y reflexivos se colocan antes del auxiliar *haber*.

Yo *la habría preparado* pero no pudo ser. (la cena)
Ellos *les habrían abrazado.* (a sus tíos)
Tú *te habrías puesto* contenta.
Vosotros *os habríais bañado* en el mar.

Usos

1. Para expresar la relación de una acción futura con un momento pasado.

   Dijo que *habríamos vuelto* para las once pero no volvimos hasta las doce.

2. Para expresar probabilidad o conjetura.

   Ya *habrían salvado* a los náufragos.
   No estarían aquí porque ya *habrían salido.*
   No lo harían porque ya lo *habrían hecho.*
   ¿Quién me *habría mandado* esta tarjeta? *Habría sido* tu mamá.

NOTA: Para expresar el resultado de una condición hipotética en el tiempo del pasado. (La condición hipotética en el pasado se expresa con el pluscuamperfecto de subjuntivo.) (Véase Cuarta Lección, pág. 73, número 2.)

Si hubiéramos viajado por España	/	*habríamos ido* a Segovia.
Si hubiera tenido tiempo	/	yo lo *habría hecho.*
Si me hubiera dicho que era su cumpleaños	/	yo le *habría traído* un regalo.
Si hubieras ido al museo	/	*habrías visto* aquella exposición.
Si hubierais tenido tiempo	/	*habríais jugado* al tenis ayer.
Si hubiéramos podido	/	*habríamos resuelto* el problema.

Ejercicios de comprobación

A. Cambiar del pasado al condicional perfecto.

1. (Íbamos) _Habríamos_ _ido_ al discurso.

2. (Te levantaste) _Te_ _habrías_ _levantado_ a las ocho.

3. (Volvieron) _Habrían_ _volvido_ al hotel.

4. Yo (venía) _habría_ _venido_ con mis amigos.

5. (Se divirtieron) _Se_ _habría_ _divertido_ mucho.

B. Cambiar del condicional al condicional perfecto.

1. Yo (diría) _habría_ _decido_ _dicho?_ que sí.

2. ¿Qué (haríamos) _habríamos_ _hecho_ con él?

3. ¿(Pondrías) _Habrías_ _podido?_ tu bicicleta allí?

4. Ellos (leerían) _habrían_ _leído_ las noticias.

5. Los ladrones (abrirían) _habrían_ _abrido_ la puerta.

Ejercicios de repaso

A. Escribir el verbo según el sentido de la oración.

1. Hoy yo (salir) _____ para el Mediterráneo.

   a. Nosotros _____ .

   b. Los Gómez _____ .

   c. Tú _____ .

2. Anteayer nosotros (ir) _____ a un restaurante chino y

   a. ellos nos (ver) _____ entrar.

   b. el camarero nos (servir) _____ la comida.

   c. mi padre (divertirse) _____ _____ muchísimo.

3. Mañana ellos (aprovecharse) _____ _____ del buen tiempo y

   a. (hacer) _____ una excursión a la zona arqueológica.

   b. nosotros (gozar) _____ de su visita.

   c. ellos (subir) _____ los picos andinos.

4. Cuando éramos jóvenes

   a. nosotros (celebrar) _____ juntos las verbenas en el pueblo.

   b. ella (tratar) _____ de engañarnos con sus trucos.

   c. tú me (tomar) _____ el pelo siempre.

5. Cuando yo estaba riñéndole

   a. él me estaba (sonreír) _____ .

   b. tú no nos estabas (hacer) _____ caso.

   c. mi madre me estaba (animar) _____ .

6. Él trabajaría y

   a. nosotros le (ayudar) _____ .

   b. yo (seguir) _____ sus órdenes.

   c. vosotros (cumplir) _____ con vuestros deberes.

7. Si nieva mañana,

   a. ella (ir) _____ a Vermont a esquiar.

   b. los conductores (tener) _____ dificultades.

   c. el gobierno (tener) _____ que avisar al departamento de obras públicas.

8. Mientras los niños se bañaban en la piscina,

   a. sus madres (charlar) _____ .

   b. (hacer) _____ mucho sol.

   c. nosotros (jugar) _____ en el césped.

9. Si yo fuera presidente,

   a. ellos me (respetar) _____ más.

   b. la gente (pagar) _____ menos impuestos.

   c. tú (ser) _____ miembro de mi gabinete.

B. Escribir el verbo según el significado de la oración.

1. El gato entra y se duerme en seguida.

   El gato entró y _____ _____ en seguida.

2. Si puedo, lo haré.

   Si pudiera, lo _____ .

3. Ellos nos vieron y nos saludaron amablemente.

   Ellos nos _____ y nos habían saludado amablemente.

4. Todos empiezan a reírse cuando aparece el payaso.

   Todos _____ a reírse cuando apareció el payaso.

5. ¿A qué hora llegas a la parada de autobús? Llego a las siete y media.

   ¿A qué hora llegaste a la parada de autobús? _____ a las siete y media.

6. Ella se despertó y se vistió de prisa.

   Ella se _____ y se viste de prisa.

7. Fernando irá a San Juan y estudiará allí.

Fernando _____ a San Juan y estudió allí.

8. Lo veo todos los días cuando voy a la oficina.

Lo _____ todos los días cuando iba a la oficina.

9. Los funcionarios no saben lo que hace su jefe.

Los funcionarios no han sabido lo que _____ su jefe.

10. Ustedes se sientan y escuchan la conferencia.

¡ _____ Uds. y escuchen la conferencia, por favor!

C. Escribir el tiempo apropiado del verbo según el sentido de la oración.

1. Ese poema ha sido (escribir) _____ por Gabriela Mistral.

2. ¡Por favor, no (olvidarse) ____ _____ Ud. de apagar las luces!

3. Los dos estaban (discutir) _____ el problema cuando yo entré.

4. Dicen que no van a (ponerse) _____ nunca de acuerdo con el otro candidato.

5. (Ser) _____ en primavera cuando Raúl (conocer) _____ por primera vez a su novia.

6. Antes de fin de mes nosotros habremos (gastar) _____ todo el sueldo.

7. ¡Niños, no (poner) _____ los pies en las sillas!

8. El año pasado ellos (construir) _____ una biblioteca nueva en el recinto de la universidad.

9. El acusado seguía (insistir) _____ en que no había (cometer) _____ el crimen.

10. Vamos a (escaparse) _____ del ruido y de la contaminación de la ciudad.

CH. Escribir el verbo en el tiempo perfecto correspondiente.

presente → presente perfecto   imperfecto → pluscuamperfecto
futuro → futuro perfecto   condicional → condicional perfecto

1. No (tenías) _____ la oportunidad de visitarlos.

2. Yo nunca (creería) _____ esa propaganda.

3. Nosotros (saldremos) _____ antes de las dos.

4. ¿Me (prestarías) _____ unos discos de "rock"?

5. ¿Qué (pensará) _____ ella de nuestra idea?

6. Esos dos (descubrirán) _____ un nuevo virus.

7. (Éramos) _____ íntimos amigos.

8. Allí, en el correo, nos (envuelven) _____ los paquetes.

D. Escribir el verbo en el tiempo apropiado.

1. Hoy

a. yo (hacer) _____ mucho trabajo.

b. ellos (ir) _____ al campo.

c. tú (poder) _____ salir temprano.

2. Ayer

    a. nosotros (ir) _____ al cine.

    b. ¿quién (hacer) _____ el trabajo?

    c. yo (estar) _____ aquí dos horas.

3. El año pasado

    a. ellas (divertirse) _____ _____ mucho allí.

    b. tú y yo (ir) _____ al mercado con nuestros padres.

    c. nuestros amigos (nadar) _____ en el río.

4. Cuando éramos niños,

    a. papá (salir) _____ de casa a las siete.

    b. los vaqueros (montar) _____ a caballo todos los días.

    c. (ver) _____ a nuestros abuelos los fines de semana.

5. Mañana

    a. Rafael no (tener) _____ mucho tiempo.

    b. el señor Martínez (venir) _____ a arreglar la estufa.

    c. el médico nos (decir) _____ la verdad.

E. Escribir la forma correcta del verbo en el pretérito o imperfecto según el sentido de la oración.

1. ¿Qué hora (ser) _____ cuando llegaste?

2. ¿Quién (ser) _____ el que rompió la ventana?

3. Ella (tener) _____ diez años cuando fue a visitar a sus abuelos.

4. Ella (tener) _____ que salir inmediatamente al oír la noticia.

5. Nosotros (saber) _____ bastante bien el español al terminar el año.

6. Cuando ellos (saber) _____ la verdad, empezaron a llorar.

7. Mi madre (conocer) _____ muy bien a la chica que ganó el campeonato.

8. Anoche ellos (conocer) _____ a la otra profesora de inglés.

9. Isabel siempre (querer) _____ ir a los bailes los sábados.

10. Ellos (querer) _____ hablar con el profesor, pero no pudieron hablarle.

11. Bernardo (poder) _____ contestar bien a las preguntas todos los días.

12. Traté de abrir la puerta pero yo no (poder) _____.

F. Escribir el verbo en el pretérito o en el imperfecto según el sentido de la oración.

1. Ella no (saber) _____ que íbamos a ir al cine aquella noche y por eso no estaba lista.

2. El muchacho (saber) _____ nadar bien pero (ahogarse) _____.

3. Yo la (conocer) _____ en la escuela en el año 1990.

4. La señora (tener) _____ mucho dinero en su bolso cuando la asaltaron.

5. Nosotros (querer) _____ salir, pero no pudimos.

6. Ayer tú (tener) _____ malas noticias de tu familia.

7. El muchacho, en aquel momento, no (querer) _____ contestar a su madre.

8. ¡Qué disgusto, cuando ella (saber) _____ la verdad!

9. Por fin yo (conocer) _____ a los padres de mi amigo.

10. El perro (querer) _____ salir pero no pudo porque la puerta estaba cerrada.

G. Escribir los verbos en el presente, en el futuro o en el condicional.

Para fines de año, yo ya (haber) _____ ahorrado bastante dinero y (comprarse)

_____ _____ un automóvil de segunda mano. Yo (preferir) _____ que el auto

sea nuevo pero no (tener) _____ muchos ahorros y no (poder) _____ gastar mucho.

Si yo comprara un auto americano, mis padres (estar) _____ más contentos pero yo (tener)

_____ que renunciar a mi sueño de ser dueño de un auto extranjero. A mí me (gustar)

_____ comprar un Citroën. Si lo compro yo (pasear) _____ con mis amigos los fines

de semana. El auto (ser) _____ el único de su estilo en mi barrio y todos lo (admirar)

_____ . El mes próximo, yo (ir) _____ a la reunión anual de los dueños de Citroën,

en Deerfield. Allí yo (conocer) _____ a otros aficionados de los Citroën y sin duda (encontrar)

_____ algún modelo en venta. Seguramente el auto no (costar) _____ mucho, pero el

mantenimiento (ser) _____ de locura. El mecánico (ser) _____ el que decida si el auto

que encuentre vale la pena o no. La buena noticia es que el pronóstico del tiempo dice que (nevar)

_____ mucho este invierno de manera que yo (apalear) _____ mucha nieve y

(hacerse) _____ _____ rico.

H. Escribir la forma apropiada del verbo entre paréntesis y terminar las oraciones de manera original.
  1. Si hubiera un terremoto, (romperse) _____
                            (caerse) _____
  2. Si no existieran los automóviles, (tener) _____
                            (venir) _____
  3. Si viviéramos en una isla, (haber) _____
                            (ir) _____
  4. Si una bomba explotara, (salir) _____
                            (correr) _____
  5. Si yo fuera pájaro, (querer) _____
                            (poder) _____

I. Terminar las oraciones de manera original.
  1. En el año 2015 yo _____ .
  2. Durante el año escolar mis amigos y yo _____ .
  3. Mi familia solía _____ .
  4. Hace diez años que _____ .
  5. Los juegos olímpicos de 1992 _____ .
  6. Antes de graduarme de esta escuela _____ .
  7. En Guatemala la población india _____ .
  8. Cada año en Pamplona _____ .
  9. Normalmente los problemas ecológicos _____ .
  10. El SIDA todavía _____ .

CUARTA LECCIÓN

EL SUBJUNTIVO

Es el modo del verbo de la oración subordinada cuya acción es determinada por el verbo de la oración principal. Si el verbo de la oración principal expresa voluntad, una reacción emotiva, probabilidad, posibilidad, necesidad, etc., o un tono hipotético, se usa el modo subjuntivo.

I. Presente de subjuntivo

Ejemplos

> ¿Prefieres que lo *haga* yo? (voluntad)
> Ud. teme que *llegue* el ciclón. (reacción emotiva)
> Es posible que todo *quepa* en la caja. (posibilidad)
> Será necesario que lo *entendamos* bien. (necesidad)

Ejercicio de reflexión

Escribir la forma apropiada del verbo.

1. Es importante que todos (estar) _____ estén _____ aquí a tiempo.
2. ¿Quieres que yo (hacer) _____ haga _____ la tarea?
3. Espero que Uds. me (escribir) _____ escriban _____ a menudo. *often*
4. Dudamos que ellos nos (ofrecer) _____ ofrescan _____ el trabajo.
5. Nos exigen que (nosotros) (explicar) _____ expliquemos _____ el problema.
6. Ella prefiere que tú (ir) _____ vayas _____ solo.
7. Es lástima que él no (tener) _____ tenga _____ tiempo para hacer el viaje.
8. Es posible que tú (saber) _____ sepas _____ la respuesta.
9. Los estudiantes se alegran de que no (haber) _____ ~~haga~~ haya _____ clases hoy.
10. Ojalá que la película (empezar) _____ empiece _____ pronto.

Formación

verbos regulares:

HABLAR	COMER	VIVIR
habl-e	com-a	viv-a
habl-es	com-as	viv-as
habl-e	com-a	viv-a
habl-emos	com-amos	viv-amos
habl-éis	com-áis	viv-áis
habl-en	com-an	viv-an

verbos irregulares:

DAR	ESTAR	HABER
dé	esté	haya
des	estés	hayas
dé	esté	haya
demos	estemos	hayamos
deis	estéis	hayáis
den	estén	hayan

IR	SABER	SER
vaya	sepa	sea
vayas	sepas	seas
vaya	sepa	sea
vayamos	sepamos	seamos
vayáis	sepáis	seáis
vayan	sepan	sean

verbos con irregularidades:

Los verbos que cambian en la raíz, en la primera persona singular del presente de indicativo, tienen la misma raíz irregular en todas la formas del presente de subjuntivo.

HACER	CONSTRUIR	CONOCER
hago-haga *yo form*	construyo-construya *yo form*	conozco-conozca *yo form*
hagas	construyas	conozcas
haga	construya	conozca
hagamos	construyamos	conozcamos
hagáis	construyáis	conozcáis
hagan	construyan	conozcan

oír: oigo-oiga	salir: salgo-salga	tener: tengo-tenga
venir: vengo-venga	ver: veo-vea	concluir: concluyo-concluya

verbos con cambios en la raíz:

1. Verbos que terminan en -ar, -er:

PENSAR (ie)	VOLVER (ue)
piense	vuelva
pienses	vuelvas
piense	vuelva
pensemos	volvamos
penséis	volváis
piensen	vuelvan

yo form - "o" + E/A

2. Verbos que terminan en -ir tienen los mismos cambios que en el presente de indicativo y tienen un cambio adicional, en la primera (nosotros) y la segunda (vosotros) persona plural.

SENTIR (ie, i)	DORMIR (ue, u)	PEDIR (i)	REPETIR (i)
sienta	duerma	pida	repita
sientas	duermas	pidas	repitas
sienta	duerma	pida	repita
sintamos	durmamos	pidamos	repitamos
sintáis	durmáis	pidáis	repitáis
sientan	duerman	pidan	repitan

verbos con cambios ortográficos:

Verbos que terminan en:		cambian:	delante de:	ejemplos:
-car,	buscar	c → qu	e	busque
-gar,	llegar	g → gu	e	llegue
-zar,	gozar	z → c	e	goce
-guar,	averiguar	gu → gü	e	averigüe
-ger,	coger	g → j	a	coja
-gir,	dirigir	g → j	a	dirija
-guir,	distinguir	gu → g	a	distinga
vocal + -cer,	conocer	c → zc	a	conozca
consonante + -cer,	vencer	c → z	a	venza

Ejercicios de comprobación

Escribir la forma del verbo en el presente de subjuntivo según el sujeto.

1. nosotros (divertirse) _nos_ _~~divir~~ divirtamos_

2. tú (estar) _estés_

3. ellos (almorzar) _almuercen_

4. yo (escoger) _~~escog~~ escoja_

5. él (chocar) _choque_

6. vosotros (servir) _sirvá_

7. ella (saber) _supa_

8. nosotros (oír) _oigamos_

9. Uds. (acostarse) _se_ _acuesten_

10. los paquetes (caber) _R?_

Usos

1. Cláusulas substantivas

El subjuntivo se emplea en la cláusula subordinada cuando el verbo principal expresa voluntad, reacción emotiva, duda o negación y el sujeto de la oración principal y de la subordinada son diferentes. La cláusula subordinada se introduce siempre con la conjunción *que*.

a. Algunos verbos que requieren el subjuntivo en la cláusula subordinada:

Voluntad		*Reacción emotiva*	*Duda/negación*
querer	preferir	esperar	dudar
desear	permitir	alegrarse de	negar
mandar	prohibir	temer	no creer
exigir	dejar	tener miedo de	no pensar
insistir en	*decir	sentir	¿Creer . . .? (cuando
obligar	*escribir	sorprenderse	expresa duda)
pedir		estar contento	
aconsejar			

*cuando expresan mandato

NOTA: Con los verbos *obligar, prohibir, aconsejar, permitir, hacer, mandar* y *dejar* puede emplearse el infinitivo.

Les *permito* salir.
Me *aconsejan* escribirlo.

b. Algunas expresiones impersonales que requieren el subjuntivo:

es necesario	es lástima	es dudoso	es posible
es preciso	parece mentira	más vale	es probable
conviene	no parece	importa	basta

El subjuntivo *no* se emplea después de:

es verdad	resulta	está claro	parece
es obvio	es cierto	es seguro	es evidente

Es necesario emplear el subjuntivo en la forma negativa:

Parece que *va* a llover. (indicativo)
No parece que *vayas* a ganar la carrera. (subjuntivo)
Es verdad que todos *son* muy simpáticos. (indicativo)
No es verdad que el vino *sea* caro. (subjuntivo)
Es cierto que Buenos Aires *está* en Argentina. (indicativo)
No es cierto que *estemos* todos listos para el examen. (subjuntivo)

NOTA: En las cláusulas propiamente impersonales (sin cláusula subordinada) la expresión impersonal va seguida por el infinitivo.

Es posible *comer* a las tres de la tarde.
Es imprescindible *tener* buena salud.
Más vale no *fumar*.
Conviene *terminar* pronto.

Ejercicios de comprobación

A. Escribir la forma apropiada del verbo.

1. Él prefiere que ella (pagar) ~~pague~~ pague la cuenta.
2. El gobierno manda que nosotros (gastar) gastemos menos gasolina.
3. Es dudoso que la reunión (empezar) empiece a tiempo.
4. Creo que ellos (estar) estén ya de vuelta.
5. Uds. esperan que no (hacer) hagan frío mañana.
6. Sentimos que vosotros no (caber) _____ en el coche.
7. Mamá aconseja que nosotros (dormir) durmamos más.
8. Será preciso que yo (ir) vaya a la biblioteca.
9. No les permitimos (salir) ~~salgamos~~ salgan de noche.
10. Parece mentira que tú no lo (saber) supras .

B. Escribir la letra de la forma apropiada del verbo *salir* que complete las oraciones.

a. salir (infinitivo)

b. salen (presente de indicativo)

c. salgan (presente de subjuntivo)

1. Dígales que ___c___ .
2. Tengo ganas de ___a___ .
3. No dudo que ___c___ .
4. Es mejor que ___c___ .
5. Prefiero que ___c___ .
6. ¿Exigiréis que ___c___ ?
7. Me alegro de que ___b___ .
8. Resulta que ___b___ .

9. Insisten en ___e___ .
10. No creemos que ___c___ .
11. Parece que ___b___ .
12. Es preciso ___a___ .
13. Más vale que ___e___ .
14. No niego que ___e___ .
15. No les dejamos que ___c___ .
16. Les voy a pedir que no ___b___ .

C. Escribir una oración completa haciendo todos los cambios necesarios.

1. Mi profesora / querer / que / nosotros / portarse / bien.

_____

2. Yo / alegrarse de / que / Uds. / venir / conmigo.

_____

3. Ser / lástima / que / no / haber / comida / mexicano / en / ese / restaurante.

_____

4. El arquitecto / temer / que / puente / caerse.

_____.

5. Es verdad / que / papá / volver / casa / todo / días / a / mismo / hora.

_____.

CH. Escribir el verbo en el presente de subjuntivo y terminar las oraciones de manera original.

1. Durante un viaje al extranjero más vale que Uds.

      (ir) _____.

      (comprar) _____.

      (tener) _____.

      (llevar) _____.

2. En una fiesta es dudoso que tú

      (estar) _____.

      (bailar) _____.

      (conocer) _____.

      (hacer) _____.

3. Los domingos es necesario que nosotros

      (dormir) _____.

      (salir) _____.

      (preparar) _____.

      (buscar) _____.

2. Cláusulas adverbiales

  a. Se usa el subjuntivo después de las conjunciones temporales si la acción aún no ha sido realizada.

Algunas conjunciones:

tan pronto como	luego que	de manera que	para que
en cuanto	después de que	así que	hasta que
cuando	de modo que	mientras ques	

Ejemplos

Ellos me pagarán _en cuanto reciban_ el dinero.
Después de que vuelvan de sus vacaciones, harán el trabajo.
Me quedaré aquí _hasta que llegue_ el tren.
Tan pronto como empiece la comedia nos sentaremos.

Comparar: Ellos siempre me pagan en cuanto reciben el dinero. (siempre)
Ellos me pagaron cuando recibieron el dinero.
Después de que volvieron de sus vacaciones, hicieron el trabajo.
Me quedé hasta que llegó el tren.
Tan pronto como empezó la comedia nos sentamos.

  b. El subjuntivo se usa, sin excepciones, después de las expresiones:

para que	a menos que	a no ser que	con tal que
antes de que	en caso de que	a condición de que	sin que

Ejemplos

El profesor siempre explica la lección *antes de que escribamos* los ejercicios.
No compro nada nunca *a menos que tenga* el dinero en efectivo.
No salimos de noche *sin que* nuestros padres lo *sepan*.
Dejamos un recado *en caso de que vengan* nuestros tíos y no estemos.

Ejercicios de comprobación

A. Completar las oraciones con la forma apropiada del verbo.
1. Me quedaré aquí hasta que tú (volver) _vuelvas_.
2. Él habla sin que nadie le (entender) _entienda_.
3. Ella llamará a su amiga tan pronto como (llegar) _llegue_ a casa.
4. Nosotros regaremos las flores para que (crecer) ~~crezcan~~.
5. El gato entra en la casa sin (hacer) _haga_ ruido.
6. Niño, te compraré el juguete con tal que tú (ser) _sea_ bueno.
7. Seguiré trabajando hasta que yo (cansarse) _me canse_.
8. Traeré los refrescos a menos que los (traer) _traiga_ vosotros.
9. Cuando (venir) _venga_ mi abuelo, siempre me trae un regalo.
10. Volverán del aeropuerto después de que ellos (despedirse) _se_ _despedan_ de sus amigos.

B. Terminar las oraciones de manera original.
1. Mi madre siempre me riñe cuando _yo lo hago_.
2. Te devolveré el dinero tan pronto como _____.
3. ¿Qué harás en caso de que _____?
4. Haremos la excursión el sábado que viene a no ser que _____.
5. El conferenciante hablará despacio para que _____.
6. Esos dos se ponen a discutir en cuanto _____.
7. No saldrás bien en el concurso a menos que _____.
8. Ven a verme cuando _____.
9. No tomes una decisión hasta que _____.
10. Volvieron de la playa después de que _____.

3. Cláusulas relativas (adjetivales)

Se emplea el subjuntivo en la cláusula subordinada cuando el antecedente es indefinido o negativo.

Ejemplos

Quiero comprar *una casa* que *tenga* patio.
Buscan *un intérprete* que *hable* tres idiomas, por lo menos.
¿Hay *alguien* que *conozca* al nuevo director?
No hay *nadie* que *sepa* la respuesta.
No hay *ningún examen* que *merezca* un suspenso.
No vemos *ninguna película* que no nos *guste*.

Comparar: Quiero comprar la casa que tiene patio.
Buscan al intérprete que habla tres idiomas.
Hay alguien aquí que conoce al nuevo director.
Hay alguien que sabe la respuesta.
Hay un examen que merece un suspenso.
Vemos la película que nos gusta.

Ejercicios de comprobación

Escribir la forma apropiada del verbo.

1. No hay nadie en la clase que (hablar) _____ ruso.
2. ¿Hay algún estudiante que (vivir) _____ en la ciudad?
3. Prefiero un refresco que no (contener) _____ azúcar.
4. Tengo un coche que (consumir) _____ poca gasolina.
5. Quiere casarse con un hombre que (ser) _____ considerado.
6. Los estudiantes quieren tener un examen que no (exigir) _____ demasiado.
7. No queremos ningún político que (abusar) _____ de su poder.
8. En esta región no existe ningún árbol que (florecer) _____ todo el año.
9. No hay mar en que no (haber) _____ peces.
10. No hay ningún adolescente que (osar) _____ decir que no le gusta la música.

4. Otros usos del subjuntivo

a. Después de la expresión *Ojalá* (un fuerte deseo), siempre se emplea el subjuntivo.

¡Ojalá (que) *ganes* a la lotería!
¡Ojalá que *tengamos* suerte!

b. Generalmente se usa el subjuntivo después de los adverbios *quizá(s), tal vez*, pero se usa el indicativo para expresar mayor seguridad.

Quizás corra en el maratón de Boston.
Tal vez llueva esta tarde.
Tal vez no *están jugando* al tenis porque está lloviendo.
Tiene el brazo roto; *quizás tuvo* un accidente.

c. Después de *posiblemente* y *seguramente* se puede usar el indicativo o el subjuntivo, según la duda que quiera expresar el que habla. Sin embargo, después de *a lo mejor* siempre se usa el indicativo.

Posiblemente hayan llegado. (no tenemos mucha información–subjuntivo)
Posiblemente han llegado. (es casi seguro–indicativo)
A lo mejor han llegado. (indicativo)

ch. Después de la expresión *acaso* se usa el subjuntivo en una oración enunciativa, pero el indicativo en una oración interrogativa.

Acaso ellos *intenten* entrar en el banco.
¿Acaso estuviste en el baile anoche?

d. Después de la conjunción *aunque* se usa el subjuntivo cuando la cláusula se refiere a una condición hipotética. Se usa el indicativo cuando se refiere a un hecho cierto.

Compraremos los billetes *aunque cuesten* mucho dinero. (no sabemos el precio)
Compraremos los billetes *aunque cuestan* mucho dinero. (sabemos el precio)

e. Se usa el subjuntivo para expresar una idea concesiva.

Sea lo que sea.
Resulte lo que resulte.
Digas lo que digas, no me casaré contigo.
Tenga lo que tenga, nunca será feliz.

f. Después de la expresión concesiva: *por + adjetivo/adverbio + que + subjuntivo*

Por atrevido que sea, no lo hará.
Por mucho que quieran, no podrán salir.

g. Se usa el subjuntivo después de los antecedentes indefinidos.

quienquiera   cualquier(a)
(a)dondequiera   comoquiera
cuandoquiera

Quienquiera que *sea* el nuevo director, tendrá que tomar una decisión.
Adondequiera que *vayas,* encontrarás amigos.

h. Se usa el subjuntivo en ciertas exclamaciones.

¡*Vivan* los novios!   ¡*Mueran* los tiranos!
¡*Viva* Cuba libre!   ¡*Viva* el Rey!

Ejercicios de comprobación

Escribir la forma apropiada del infinitivo.

1. ¡Ojalá que (divertirse) _____ _____ Uds. en el Canadá!
2. Tal vez (aterrizar) _____ el avión en seguida.
3. A lo mejor el buzo (encontrar) _____ el tesoro en el fondo del mar.
4. Pase lo que (pasar) _____, haré el viaje.
5. Quienquiera que (ser) _____, no abras.
6. A lo mejor vosotros (ponerse) _____ _____ el abrigo antes de salir.
7. Por mucho que él (hacer) _____, no lo terminará.
8. (Ser) _____ lo que sea, logrará ser famoso.
9. Aunque no (nevar) _____ mañana, esquiaremos.
10. ¿Acaso (venir) _____ tus padres a visitarte ayer?

II. Presente perfecto de subjuntivo

Ejemplos

Temo que me *hayan robado*.
Es posible que nuestro equipo *haya ganado*.
No hay nadie que *haya visto* esa película.
Parece mentira que tú *hayas recibido* una mala nota.
Lo haremos antes de que vosotros *hayáis vuelto*.
Queremos encontrar una secretaria que *haya trabajado* con computadoras.

Ejercicio de reflexión

Escribir la forma apropiada del verbo *haber* en el presente de subjuntivo.

1. Ojalá que ellos ___*hayan*___ traído la merienda.
2. La madre se alegra de que sus hijos se ___*hayan*___ acostado.
3. El niño querrá jugar hasta que ___*haya*___ ganado el partido.
4. Me quedaré aquí hasta que tú ___*hayas*___ terminado.
5. Es lástima que nosotros no lo ___*hayamos*___ visto.

Formación

El presente perfecto de subjuntivo se forma con el presente de subjuntivo del verbo auxiliar *haber* + el participio pasado del verbo principal.

HABLAR	*COMER*	*VIVIR*
haya hablado	haya comido	haya vivido
hayas hablado	hayas comido	hayas vivido
haya hablado	haya comido	haya vivido
hayamos hablado	hayamos comido	hayamos vivido
hayáis hablado	hayáis comido	hayáis vivido
hayan hablado	hayan comido	hayan vivido

Usos

Se usa para expresar una acción acabada. También puede expresar una acción futura; en este caso substituye al futuro perfecto.

No creo que *haya tenido* éxito la película.
Tú estás sorprendido de que ellos *hayan osado* decir tal cosa.
Cuando *hayas entrado*, cierra la puerta.

Ejercicios de comprobación

Escribir la forma apropiada del verbo en el presente perfecto de subjuntivo.

1. Cuando Ud. llegue, temo que la obra ya (acabarse) ___*se*___ ___*haya*___ ___*acabado*___.
2. Ellos se alegran de que nosotros (volver) ___*hayamos*___ ___*vuelto*___.

3. Tan pronto como tú (escribir) __*hayas*__ __*escrito*__ el examen, ponlo en la mesa.

4. No hay nadie que (caminar) __*haya*__ __*caminado*__ por el planeta Marte.

5. Uds. no sabrán la conjugación de todos los verbos a menos que (consultar) __*hayan*__ __*consultado*__ la tabla de verbos.

III. Pretérito imperfecto de subjuntivo (imperfecto de subjuntivo)

Ejemplos

Me alegré de que tu hermana *viniera* (viniese) a mi boda.
No saldríamos de noche sin que nuestros padres lo *supieran* (supiesen).
Nos desesperaba que los niños *miraran* (mirasen) tanto la televisión.
El sol se puso antes de que *salieran* (saliesen) las estrellas.
Buscaban un traje que les *gustara* (gustase).
No querríamos tener ningún examen que *fuera* (fuese) difícil.
Adondequiera que él *fuera* (fuese), siempre encontraba amigos.
Si *tuviéramos* (tuviésemos) más tiempo, lo haríamos.
Ellos nos miran como si no nos *conocieran* (conociesen).
Ellos nos miraban como si no nos *conocieran* (conociesen).
Si tú *leyeras* (leyeses) con más cuidado, lo entenderías mejor.

Ejercicio de reflexión

Escribir la forma apropiada del imperfecto de subjuntivo según el sujeto.

1. Ud. (divertirse) __*se divirtiera*__
2. tú (traducir) __*tradujeras*__
3. ella (estar) __*estara*__
4. nosotros (andar) __*andaramos*__
5. vosotros (oír) __*oyera oyeres*__
6. yo (hacer) __*hiciera*__
7. Uds. (dormir) __*durmieran*__
8. nosotros (caber) _____
9. él (seguir) __*siguiera*__
10. tú (saber) __*sabieras*__

Formación

Se forma el imperfecto de subjuntivo cambiando la terminación *-ron* de la tercera persona plural del pretérito a: *-ra, -ras, -ra, -ramos, -rais, -ran* o a *-se, -ses, -se, -semos, -seis, -sen*. La *a* o *e* que precede la terminación de la 1ª persona plural lleva acento.

presente
Yo dudo que Antonio sea inteligente

HABLAR		COMER		VIVIR	
habla-ra,	habla-se	comie-ra,	comie-se	vivie-ra,	vivie-se
habla-ras,	habla-ses	comie-ras,	comie-ses	vivie-ras,	vivie-ses
habla-ra,	habla-se	comie-ra,	comie-se	vivie-ra,	vivie-se
hablá-ramos,	hablá-semos	comié-ramos,	comié-semos	vivié-ramos,	vivié-semos
habla-rais,	habla-seis	comie-rais,	comie-seis	vivie-rais,	vivie-seis
habla-ran,	habla-sen	comie-ran,	comie-sen	vivie-ran,	vivie-sen

Hay que recordar que en el pretérito de indicativo hay muchos verbos irregulares.

Infinitivo	Pretérito	Imperfecto de subjuntivo
tener	tuvieron	tuviera, tuviese
ir	fueron	fuera, fuese
caber	cupieron	cupiera, cupiese
decir	dijeron	dijera, dijese
traer	trajeron	trajera, trajese
hacer	hicieron	hiciera, hiciese
poder	pudieron	pudiera, pudiese
poner	pusieron	pusiera, pusiese
querer	quisieron	quisiera, quisiese
saber	supieron	supiera, supiese
haber	hubieron	hubiera, hubiese
valer	valieron	valiera, valiese
venir	vinieron	viniera, viniese
dar	dieron	diera, diese

Usos

1. Las mismas reglas que rigen el uso del presente de subjuntivo también se aplican al uso del imperfecto de subjuntivo. El tiempo del verbo de la cláusula principal determina el tiempo de la cláusula subordinada.

Tiempo	Oración principal	Oración subordinada
(presente)	Ud. manda	
(futuro)	Ud. mandará	
(presente perfecto)	Ud. ha mandado	que salgan. (presente de subjuntivo)
(imperativo)	Mándeles	
(imperfecto)	Ud. mandaba	
(pretérito)	Ud. mandó	
(pluscuamperfecto)	Ud. había mandado	que salieran. (imperfecto de subjuntivo)
(condicional)	Ud. mandaría	

NOTA: Es posible emplear el imperfecto de subjuntivo en la cláusula subordinada después de un verbo en el presente si la acción de la cláusula subordinada expresa una acción en el pasado.

> Temo que vinieran tarde. (ayer)
> Espero que tuvieras buena suerte. (anoche)

2. Para expresar una idea hipotética, contraria a la realidad en el pasado o improbable en el futuro, se emplea el imperfecto o el pluscuamperfecto de subjuntivo. (Véase pág. 73, número 2) El resultado de la condición se expresa normalmente con el condicional.

> Si fuera (fuese) verdad yo no lo negaría.
> Si estuviera enferma consultaría con el mejor especialista.

3. Después de la expresión *como si* (y *cual si* en lenguaje poético) se emplea el imperfecto de subjuntivo.

> Anda *como si fuera* un elefante.
> Ellos hablan *como si* lo *supieran* todo.
> La luna brilla *cual si fuera* de plata.
> Las hojas flotan en el aire *cual si fueran* aves.

4. Después de la expresión *ojalá* se emplea el imperfecto de subjuntivo si se refiere a una situación hipotética.

> *Ojalá* (que) *tuviéramos* más tiempo para conversar.
> *Ojalá* (que) *fuera* rico.

5. El imperfecto de subjuntivo frecuentemente substituye al condicional de los verbos *deber*, *querer* y *poder* para dar un tono de cortesía a la oración.

> *Debiera* ser más prudente. (debería)
> ¿*Quisieras* acompañarnos al partido? (querrías)
> ¿*Pudieran* Uds. aplicarse más al trabajo? (podrían)

Ejercicios de comprobación

Escribir la forma apropiada del verbo en el imperfecto de subjuntivo.

1. Yo esperaba que ellos (venir) _____ más pronto.
2. Si él (tener) _____ un coche, nos llevaría al teatro.
3. Era preciso que nosotros (salir) _____ antes de las ocho.
4. ¡Ojalá que anoche ella (llegar) _____ a casa temprano!
5. Sentimos mucho que vosotros no (estar) _____ aquí.
6. Ella se casó con Pedro antes de que Juan se le (declarar) _____ .
7. Ud. dudaba que ellas (recibir) _____ las cartas.
8. Buscábamos un empleado que (hablar) _____ español y portugués.
9. A mis padres les gustaba que yo (volver) _____ antes de medianoche.
10. Él salió sin que nadie lo (oír) _____ .

IV. Pluscuamperfecto de subjuntivo

> No creía que el arquitecto *hubiera construido* un edificio tan feo.
> Si el criminal *hubiera confesado*, no lo habrían condenado a muerte.
> Aunque él no lo *hubiera comprado*, ya se lo habría vendido a otro.
> Queríamos contratar una secretaria que *hubiera viajado* por un país de habla española.
> Es posible que ellos no *se hubieran acordado* de ellas ayer.
> Él llamó antes de que ella *se hubiera levantado*.
> ¡Ojalá que me lo *hubieran dicho* antes!

Ejercicio de reflexión

Escribir la forma apropiada del pluscuamperfecto de subjuntivo.

1. Temían que el criminal se (escapar) _____ .

2. Es dudoso que ella (hacer) _____ el viaje.

3. No había nadie que (decir) _____ tal cosa.

4. Si tú (estar) _____ allí, la habrías visto.

5. Ellos se alegraron de que nosotros (asistir) _____ a la boda.

Formación

El pluscuamperfecto de subjuntivo se forma con el imperfecto de subjuntivo de *haber (hubiera, hubiese)* y el participio pasado del verbo que se conjuga.

HABLAR	*COMER*	*VIVIR*
hubiera (hubiese) hablado	hubiera (hubiese) comido	hubiera (hubiese) vivido
hubieras (hubieses) hablado	hubieras (hubieses) comido	hubieras (hubieses) vivido
hubiera (hubiese) hablado	hubiera (hubiese) comido	hubiera (hubiese) vivido
hubiéramos (hubiésemos) hablado	hubiéramos (hubiésemos) comido	hubiéramos (hubiésemos) vivido
hubierais (hubieseis) hablado	hubierais (hubieseis) comido	hubierais (hubieseis) vivido
hubieran (hubiesen) hablado	hubieran (hubiesen) comido	hubieran (hubiesen) vivido

Usos

1. Se usa para expresar una acción ya acabada. También puede expresar una acción futura; en este caso substituye al pluscuamperfecto de indicativo.

   > Dudábamos que ellos *hubieran escrito* sus cartas.
   > Era importante que los bomberos *hubieran apagado* el fuego.
   > Prometí hacerlo tan pronto como *hubiera comido*.

2. El pluscuamperfecto de subjuntivo se emplea en cláusulas condicionales para expresar una idea hipotética o contraria a la realidad en el pasado.

   > Si no *hubiera sido* la verdad, él no lo habría dicho.
   > Si lo *hubieras dicho* con más cortesía, te habrían atendido mejor.

   NOTA: A veces en la cláusula resultante se emplea el imperfecto de subjuntivo en vez del condicional. En estos casos únicamente se usa la forma *-ra*, NUNCA *-se*. (En la condición se puede usar las dos formas.)

   > Si mi padre *hubiera tenido* el dinero, *hubiera comprado* ese coche.
   > Si mi padre *hubiese tenido* el dinero, *hubiera comprado* ese coche.

3. Después de la expresión *ojalá* se emplea el pluscuamperfecto de subjuntivo para expresar una situación contraria a la realidad en el pasado.

   > *Ojalá* que *hubiéramos hablado* con ellos.
   > *Ojalá* que ellos *hubieran estado* aquí cuando volvió su padre.

Ejercicios de comprobación

Escribir la forma apropiada del verbo en el pluscuamperfecto de subjuntivo.

1. Si yo (tener) _____ _____ tiempo, habría visitado Las Canarias.

2. No creía que ellos (decir) _____ _____ tal cosa.

3. Era posible que nosotros (olvidar) _____ _____ los billetes.

4. Buscábamos a alguien que (ver) _____ _____ aquel programa de televisión.

5. ¡Ojalá que tú (poder) _____ _____ encontrarlo!

Ejercicios de repaso

A. Escribir la forma del verbo según el sentido de la oración.

1. Queremos que tú (ir) _____ al cine con nosotros.

2. Por mucho que (correr) _____ él, no ganará el premio.

3. El maestro mandó que nosotros (salir) _____.

4. ¡Ojalá que vosotros (saber) _____ la verdad!

5. Me prohibe que yo te (dar) _____ más dinero.

6. Él me lo dijo todo cuando me (ver) _____.

7. Íbamos a esperar hasta que (venir) _____ el autobús, pero no vino.

8. ¿Conoces a alguien que (haber) _____ luchado en una guerra?

9. Ellos no creían que nosotros (caber) _____ en el coche.

10. Debemos salir antes de que (llover) _____.

B. Escribir la forma apropiada del verbo según el sentido de la oración.

1. Me pidió que le (enseñar) _____ a conducir el coche.

2. Alberto quiere comprar un traje que (ser) _____ de corte italiano.

3. Nos avisarán tan pronto como (regresar) _____.

4. Si nosotros te (haber) _____ visto, te habríamos saludado.

5. "Más vale (llegar) _____ tarde que rondar un año."

6. Mientras el profesor (hablar) _____, los estudiantes tomaban apuntes.

7. Prefieren que nosotros (repetir) _____ el ejercicio.

8. Dudo que ella se (haber) _____ despertado.

9. ¿Qué haremos en caso de que (hacer) _____ mal tiempo mañana?

10. Es cierto que Rafael lo (tener) _____ todo arreglado para el viaje.

C. Escribir *SÍ*, si se necesita el subjuntivo en la cláusula que sigue;
   NO, si no se necesita el subjuntivo; o
   DEPENDE, si el uso del subjuntivo depende del contexto.

_____ 1. . . . en cuanto . . .   _____ 11. Más vale que . . .

_____ 2. Era preciso que . . .   _____ 12. . . . después de que . . .

_____ 3. . . . como si . . .   _____ 13. Quizás . . .

_____ 4. Quienquiera que . . .   _____ 14. . . . de modo que . . .

_____ 5. Antes de . . .   _____ 15. Convendría que . . .

_____ 6. Dudábamos que . . .   _____ 16. . . . mientras . . .

_____ 7. . . . con tal que . . .   _____ 17. . . . tan pronto como . . .

_____ 8. Tengo un amigo que . . .   _____ 18. Prohiben que . . .

_____ 9. Si . . .   _____ 19. No niegan que . . .

_____ 10. Buscan un piso que . . .   _____ 20. Parece que . . .

CH. Escribir la forma correcta del verbo según el sentido de la nueva oración. (Atención a la concordancia de los tiempos.)

     Modelo: Es posible que *vengan*.   Si *tengo* dinero, iré.
             Era posible que *vinieran*.   Si *tuviera* dinero, iría.

1. Me acuesto antes de que él vuelva.

   Me acosté antes de que él _____.

2. Ella llegará después de que nosotros comamos.

   Ella llegó después de que nosotros _____.

3. Busco un barco que vaya a Santiago de Chile.

   Buscaba un barco que _____ a Santiago de Chile.

4. ¿Quieres un cuarto que dé a la calle?

   ¿Querías un cuarto que _____ a la calle?

5. Dondequiera que él mire, no verá a nadie.

   Dondequiera que él _____, no veía a nadie.

6. Es cierto que ella sabe nadar.

   Era cierto que ella _____ nadar.

7. Te mandaré el cuadro para que tú lo vendas.

   Te mandé el cuadro para que tú lo _____.

8. Iré a la universidad cuando me gradúe.

Fui a la universidad cuando me _____.

9. Ojalá (que) ellos vengan mañana.

Ojalá (que) ellos _____ ayer.

10. Si tenemos dinero haremos el viaje.

Si _____ dinero haríamos el viaje.

D. Escribir oraciones completas según el tiempo del verbo indicado.

1. Susana salió / sin que / nosotros / enterarse.

_____.

2. No van / verme / hasta que / ellos / volver.

_____.

3. Ojalá / todos / divertirse / mucho / esta / noche.

_____.

4. No había / nada / nos / interesar / en / liquidación.

_____.

5. En caso de que / llover / lleve Ud. / paraguas.

_____.

E. Escribir una sola oración uniendo las dos dadas con las palabras indicadas.

Modelo: Es posible. Ellos van al circo. *que*
Es posible *que* ellos vayan al circo.

1. Él estudia. Tú lees. *cuando*

_____.

2. Nos quedaremos aquí. Ellos llegan. *hasta que*

_____.

3. Yo no vendría. Uds. no pueden acompañarme. *si*

_____.

4. Ellos salieron de la casa. Nadie los vio. *sin que*

_____.

5. Aprendimos la lección. Hemos estudiado tres horas. *después de que*

_____.

6. No me permitió hablar. Yo hablo en español. *a menos que*

_____.

7. Tenían una casa. Era grande y bonita. *que*

_____.

8. No saldremos. Lloverá mañana. *si*

_____.

9. Uds. hablan español. Uds. son de España. *como si*

_____.

10. Él nos lo dijo. Nosotros sabemos la verdad. *para que*

_____.

F. Terminar las oraciones de manera original. Atención al tiempo del verbo.

1. Los museos no permiten que los turistas _____.

2. En el restaurante prefirieron que la propina _____.

3. Los chicos tenían miedo de que los fantasmas _____.

4. El director nos obligó a que nosotros no _____.

5. La ley mandaba que todos _____.

6. La consejera me dijo ayer que yo _____.

7. Mi abuela ha insistido en que los nietos _____.

8. El ingeniero se sorprendió de que el puente _____.

9. No creo que tú _____.

10. Pensábamos que los murciélagos _____.

G. Escribir el verbo en el tiempo apropiado del pasado.

¿Cómo escoger un cachorrito?

Los niños (querer) _____ que sus padres les (comprar) _____ un perro pero (tener) _____ que ser un cachorro y (deber) _____ ser cariñoso y peludo. Un día, en febrero, nosotros (ir) _____ a la veterinaria. Ella nos (decir) _____ que una perra sabuesa (haber) _____ parido y que los dueños (querer) _____ vender sus cachorros. Nosotros (alegrarse) _____ _____ mucho de que (haber) _____ alguien que (tener) _____ el cachorro de nuestros sueños. Nosotros (llamar) _____ por teléfono y (fijar) _____ una fecha para visitar la finca donde (estar) _____ los cachorritos. La dueña (permitir) _____ que los niños (jugar) _____ con ellos. Nosotros (insistir) _____ en que los niños (escoger) _____ el que más les (gustar) _____. Así, (ser) _____ la historia de cómo "Molly", la perra, (venir) _____ a vivir en nuestra casa.

H. Escribir el verbo para expresar el futuro o el futuro inmediato.

1. Yo (hacer) _____ el viaje durante el próximo verano.

2. El chico (estar) _____ jugando al tenis.

3. Nosotros no (tener) _____ tiempo esta noche.

4. Yo (haber) _____ terminado el trabajo para mañana.

5. Ellos (hacer) _____ todo lo posible por nosotros.

6. ¡Adiós! ¡Nosotros (verse) _____ mañana!

7. Nuestro tío (despedirse) _____ de nosotros este fin de semana.

8. Yo no (venir) _____ hasta el jueves.

9. Si veo a mi hija, yo le (decir) _____ todo.

10. Si tú no nos das la contestación, nosotros no la (saber) _____ .

I. Completar con la forma apropiada del verbo entre paréntesis.

1. Si yo estudiara mucho (sacar) _____ buenas notas.

2. Si fuéramos al cine, nosotros (ver) _____ una buena película.

3. Si hiciera sol, nosotros (dar) _____ un paseo por el parque.

4. Si visitáramos el museo (tener) _____ más conocimientos.

5. Si ellos tuvieran más dinero, (viajar) _____ por Europa.

6. Si tú pudieras decidir, ¿a qué hora (levantarse) _____ _____?

7. Si yo estuviera enferma, yo no (ir) _____ a la oficina.

8. Si ellos hubieran venido, ellos la (haber) _____ conocido a ella.

9. Si nosotros viéramos al director le (hablar) _____ .

10. Si hiciera más frío, nosotros (salir) _____ a patinar.

QUINTA LECCIÓN

LOS SUBSTANTIVOS Y LOS ARTÍCULOS

I. Género y número de los substantivos

el profesor	**el** tomate	**la** playa	**la** pluma
el cuaderno	**el** teatro	**la** biblioteca	**la** música
el Perú	**el** coraje	**la** Argentina	**la** ópera

courage

Ejercicio de reflexión

Escribir el artículo correspondiente.

1. _el_ libro de español
2. _la_ casa
3. _la_ autopista *highway*
4. _el_ héroe
5. _la_ campesina

6. _los_ rascacielos
7. _el_ automóvil
8. _las_ vacaciones
9. _el_ precio
10. _la_ oveja *sheep*

11. _la_ persona
12. _el_ garaje
13. _el_ costumbre
14. _la_ gente
15. _la_ poema

Explicación

Todos los substantivos son del género masculino o femenino. Siempre es útil saber algunas de las reglas que sirven para determinar el género de los substantivos en español.

El género femenino:

Generalmente los substantivos que terminan en *a* (excepto *el día, el mapa*) son femeninos. También son femeninas las palabras que terminan en -*ie*, -*ad*, -*umbre*, -*ción*, -*sión* o -*ud*.

-ie	*-ad*	*-umbre*
la serie	la amistad	la legumbre - *legume - vegetables*
la especie *species*	la caridad	la certidumbre - *true, certainty*
la planicie *plane, flatland*	la felicidad	la costumbre
la superficie	la universidad	la muchedumbre

special test

-ción	*-sión*	*-ud*
la sensación	la comisión	la salud
la nación	la tensión	la virtud
la revolución	la procesión	la aptitud
la manifestación - *protest*	la misión	la juventud

Otras palabras femeninas:

enfermedades	*islas, provincias*	*letras*
la tuberculosis	la Isla de Pinos - *Cuba*	la hache (h)
la fiebre	la Patagonia - *Chile/Argentina*	la eñe (ñ)
la poliomielitis	las Baleares - *Spain*	la elle (ll)
la conjuntivitis - *pink eye*	la Tierra del Fuego - *Argentina*	la che (ch)

El género masculino:

Los substantivos que terminan en *o* (excepto *la mano*) y en *-aje* son masculinos. Otros substantivos son masculinos según el grupo al que pertenecen.

Ejemplos

-aje	*nombres de árboles*	*números*
el garaje	el manzano	el siete
el traje — vestido	el naranjo	el trece
el personaje	el mango	el treinta
el coraje — courage	el peral	el millón
el fuselaje	el abedul — birch	el cien
el pasaje	el arce	
el caudillaje	el cocotero	

puntos cardinales	*notas musicales*	*días de la semana*
el norte	el do	el lunes
el sur	el mi	el miércoles
el este	el sol	el domingo
el oeste	el la	el sábado

nombres compuestos	*nombres de ríos, lagos, montes, estrechos, mares*	
el abrelatas — front	el Tajo — España	el Mediterráneo — europe
el parabrisas — car window	el Amazonas — Amazon	el Caribe — Mar
el paraguas — umbrella	el Orinoco — venezuela	el Río de la Plata —
el portaviones	el Paraná — Argentina	el Aconcagua — monte de chile
el portamonedas —	el Hudson — New York	el Popocatépetl — Mexico
el tocadiscos — phonograph	el Canal de Panamá —	el Estrecho de Magallanes — Sur de
el rascacielos — skyscraper		America

Algunos substantivos que terminan en *-ma* son masculinos.

-ma
el tema
el idioma
el problema
el clima
el telegrama
el programa
el poema
el sistema

NOTA: Los substantivos que terminan en *e* pueden ser masculinos o femeninos.

el puente   la fuente   la gente   el horizonte   la mente

Hay substantivos que tienen la misma forma para ambos géneros. El artículo determina el género.

el artista	la artista
el ciclista	la ciclista
el mártir	la mártir
el astronauta	la astronauta
el periodista	la periodista
el testigo	la testigo
el telefonista	la telefonista
el atleta	la atleta
el modelo	la modelo
excepción: la víctima	la víctima

Hay substantivos que tienen formas distintas para cada género.

el actor	la actriz
el toro	la vaca
el hombre	la mujer
el yerno	la nuera
el caballo horse	la yegua horse
el poeta	la poetisa
el rey king	la reina queen
el gallo rooster	la gallina
el héroe hero	la heroína heroine
el conde	la condesa
el varón	la hembra
el emperador	la emperatriz
el príncipe	la princesa
el marqués	la marquesa
el marido	la esposa
el infante	la infanta

test

Algunos substantivos que se refieren a animales, peces, reptiles, insectos y pájaros emplean la misma palabra para ambos géneros.

la cigüeña · stork	la araña spider
el mosquito mosquito	la serpiente snake
la jirafa giraff	la avispa spurs?
el murciélago bat	la oruga caterpillar
la ballena whale	el tiburón shark

Hay substantivos que cambian su significado según el género.

MASCULINO	FEMENINO
el orden	la orden
el cura	la cura
el papa	la papa
el capital	la capital
el frente	la frente
el policía	la policía
el guía	la guía
el corte	la corte

Ejemplos

> Según *el orden* alfabético, la letra *a* viene antes de la letra *b*.
> La monja pertenece a *la orden* dominicana.
> El sargento dio *la orden* de retroceder.
> Para saber *la cura* de la enfermedad hace falta ir al médico.
> *El cura* oyó la confesión de los fieles.
> A los belgas les gustan *las papas* fritas con mayonesa.
> *El Papa* vive en el Vaticano.
> Le falta *el capital* para fundar un negocio.
> *La capital* de los EE.UU. es Washington, D.C.
> Los soldados están en *el frente* esperando el ataque.
> Después del accidente, le quedó una cicatriz en *la frente*.
> *El policía* de la esquina nos ayudó a cruzar la calle.
> *La policía* montada canadiense patrulla los bosques.
> Miramos *la guía* telefónica para saber el número de teléfono.
> *El guía* nos mostró los jardines de la Alhambra.
> La abogada fue a *la corte* para defender a su cliente.
> ¿Quién te hizo *el corte* de pelo?

Palabras de origen árabe, griego e indígena de América y sus géneros correspondientes:

griego	*árabe*	*indígena de América*
el planeta	el alcohol	el chocolate
el sistema	la almohada	el cacahuete
el cinema	el alcalde	el maní
el cometa	el alcázar	el cacique
el astronauta	la acequia	el maíz
	el álgebra	el aguacate
	la albóndiga	la canoa
	el ajedrez	la hamaca
		la barbacoa
		el huracán

Ejercicios de comprobación

A. Escribir el artículo masculino o femenino.

1. _____ canción
2. _____ Río Grande
3. _____ idioma
4. _____ riego
5. _____ especie
6. _____ abrelatas
7. _____ muchedumbre
8. _____ arte
9. _____ General San Martín
10. _____ clase
11. _____ alma
12. _____ historia
13. _____ automóvil
14. _____ ciudad
15. _____ día
16. _____ madre
17. _____ poeta
18. _____ noche
19. _____ pared
20. _____ personaje

B. Escribir el artículo apropiado.

1. ¿Vendrán __el__ sábado o __el__ domingo?

2. __el__ juventud de hoy día trabaja para __el__ bienestar de todos.

3. ¿Prefieres __el__ oro o __la__ plata?

4. __El__ Alhambra está situada al pie de __la__ Sierra Nevada.

5. La torre de __la__ Giralda es la más esbelta de __la__ ciudad.

6. __el__ superficie de la luna fue explorada por __los__ astronautas.

7. Entendemos __el__ idioma inglés, pero no entendemos muy bien __el__ idioma alemán.

8. Virginia compró __el__ traje de lana y __la__ blusa de seda.

9. Mi padre aparca su Ford Fiesta en __el__ garaje.

10. ¿Qué estudia tu prima en __el__ universidad?

C. Escribir el femenino de cada uno de los substantivos.

1. el yerno __la ~~yerna~~ nuera__
2. el emperador __la ~~emperadora~~ emperatriz__
3. el padre __la madre__
4. el artista __la artista ?__
5. el testigo __la testiga__
6. el caballo __la caballa__
7. el actor __la ~~actora~~ actriz__
8. el rey __la reina__
9. el marido __la marida__
10. el pintor __la pintora__
11. el gallo __la galla__
12. el pianista __la pianista__
13. el varón __la varona__
14. el toro __la tora__

II. Artículos

Ejemplos

El café de Colombia es bueno.
No me gusta *el* café *del* hotel.
Armando compró *un* libro.
La tía de Margarita es *una* psiquiatra famosa.
Ellos hacen *el* trabajo con gusto.
Unas amigas mías fueron a *la* peluquería.
Borges es *un* escritor muy famoso.

Ejercicio de reflexión

Escribir el artículo definido o indefinido, o la contracción.

1. *El* vino español es uno de *los* mejores del mundo.
2. *El* pollo cuesta dos dólares *un* kilo.
3. *El* Jiménez nos visitarán durante *unas* vacaciones.
4. *Los* primeros exploradores de *el* Ecuador descubrieron *las* Amazonas.
5. En *los* Estados Unidos, *el* español es *una* asignatura importante.
6. *La* paciencia es *el* virtud.
7. *Los* jóvenes de *el* barrio han formado un equipo de fútbol.
8. Ellos siempre me llaman por teléfono *los* domingos.
9. *El* Sr. Martín es *un* ingeniero muy conocido.
10. ¿Cómo se llama *el* país de *el* América *del* Sur en el cual se habla portugués?

Explicación

El artículo precede al substantivo indicando su género y número. (Los artículos son definidos: *el, los, la, las* o indefinidos: *un, unos, una, unas.*)

A. El artículo definido

Usos

1. En sentido general:

La fruta es buena.
No me gusta *el* ruido.
La historia es interesante.
Los ratones son más pequeños que *los* elefantes.
El amor es eterno.

2. En sentido específico:

> *Las* naranjas de Valencia son muy dulces.
> No me gusta *el* ruido de *las* motocicletas.
> *La* historia de América es fascinante.
> *El* Ratoncito Pérez trae *el* dinero a los niños.
> *El* amor materno es muy sincero.

3. El artículo definido es necesario en los casos siguientes:

   a.   Los huevos cuestan veinte pesos *la* docena.
        (cada docena)

   b.   *Los* sábados vemos los deportes en la televisión.
        (todos los sábados)

   c.   *la* belleza   *el* amor   *la* caridad   *la* esperanza   *la* fe
        (palabras abstractas)

   ch.   Le duele *la* cabeza.
        (con partes del cuerpo humano en lugar del adjetivo posesivo)

   d.   Al entrar en el cuarto José se quitó *el* sombrero.
        (en general, cuando se refiere a la ropa)

   e.   *La* Mistral recibió el Premio Nóbel.
        (apellido famoso de mujer)

   f.   He visto a *la* Antonia.
        (lenguaje popular, nombre de mujer)

   g.   *la* Argentina   *el* Perú   *el* Brasil   *el* Canadá
        el Ecuador   *el* Paraguay   *el* Uruguay   *los* Estados Unidos
        la China   *El* Salvador   *el* Japón   *la* India
        La Habana   *el* Callao   *La* Coruña   *El* Escorial
        (algunos nombres de ciudades y países) (En el lenguaje periodístico hay tendencia a omitir el artículo correspondiente al país.)

   h.   *Los* Arteta, *los* Gómez y *los* Álvarez viven en Miami.
        (los apellidos llevan el artículo en plural)

   i.   *El* doctor Severo Ochoa recibió el Premio Nóbel.
        La señorita Martínez volvió del mercado.

        NOTA: Con títulos se omite el artículo al hablar directamente a la persona:
               "Aquí tiene usted la cuenta, Sr. Pérez."

   j.   *El* lunes voy a Santa Bárbara.
        (con los días de la semana, excepto después del verbo *ser*: Hoy es miércoles)

   k.   *el* Ebro, *el* lago Titicaca, *el* volcán Santa Helena, *el* Guadalquivir, *el* Golfo Pérsico
        (ríos, mares y otros nombres geográficos)

   l.   *la* Pinta, *la* Niña y *la* Santa María, *el* Titanic, *el* Nautilus, *el* Sebastián Elcano
        (los nombres de barcos, carabelas y naves)

   ll.   Los diplomáticos usan *el* chino en Pekín.
        (nombres de idiomas, excepto después del verbo *hablar* y de las preposiciones *de* y *en*)

m. *el* ama   *el* alma   *el* alba   *el* hambre   *el* hacha
    el agua   *el* aula   *el* águila   *el* ave
    (se usa el artículo *el* con los substantivos femeninos para evitar la cacofonía en palabras que
    empiezan con *a* o *ha* acentuadas—en el plural se emplea *las*: *las* amas, *las* aguas)

n. "*El* sí de las Niñas", "*el* saber no ocupa lugar", para *el* bien de todos
    (cuando los adverbios e infinitivos se usan como substantivos)

ñ. Voy *al* parque.
    Veo *al* niño.
    Vengo *del* cine.
    Háblame *del* profesor.
    (contracción del artículo con las preposiciones *a* y *de*: a + el = *al*; de + el = *del*)

excepciones:

La república de *El* Salvador
La cita es de *El Árbol de la Ciencia*, novela de Pío Baroja.
(no hay contracción si el artículo es parte de un título o es nombre propio de lugar)

4. El artículo neutro *lo*, acompañado de un adjetivo, forma un substantivo de carácter general o abstracto:

Lo bueno es mejor que *lo* malo.
Lo normal es trabajar de día.

Si va precedido de *a*, es igual a "la manera de".

vivir a *lo* grande
comer a *lo* bestia
jugar a *lo* bruto
gastar a *lo* tonto
hacer los deberes a *lo* loco

Ejercicios de comprobación

Escribir el artículo definido apropiado o la contracción.

1. _La_ fruta de California se vende en todos _los_ supermercados del país.

2. _Los_ mosquitos son más irritantes que las moscas.

3. Todos _los_ miércoles por la tarde tenemos clase.

4. Me duele _el_ estómago.

5. _La_ salud es esencial.

6. Se puso _las_ botas antes de salir.

7. _El_ Salvador está en _el_ América Central.

8. _El_ hambre es un problema mundial.

9. Vamos al _el_ teatro esta tarde.

10. _El_ difícil es aprender todas _las_ reglas de gramática.

B. *El artículo indefinido*

Ejemplos

> Él compra *un* libro.
> *Un* adolescente tiene que tomar muchas decisiones.
> Hay *una* manifestación estudiantil en la universidad.
> Yo como *una* naranja, tú comes *unas* uvas.
> Hay *unas* flores amarillas en el jardín.

Explicación

Al contrario del inglés, en español el artículo indefinido se omite delante de substantivos que expresan nacionalidad, profesión, religión o afinidades políticas:

> José Luis es liberal.
> Mi padre es ingeniero.
> El Papa es católico.
> Su profesora es dominicana, simpática y dinámica.

Generalmente se emplea cuando el substantivo está modificado:

> José Luis es *un* estudiante liberal.
> Mi padre es *un* ingeniero famoso.
> Su profesora es *una* dominicana muy simpática.

No se emplea delante de *cien, mil, semejante, cierto, otro:*

> Yo tengo ese libro. Quiero *otro.*
> Ella escribe una redacción de *cien* palabras.
> *Cierto* día lo sabremos.

Si el substantivo empieza con *a* o *ha* acentuadas, se usa el artículo masculino: (Véase pág. 86, párrafo *m.*)

> *un* ama, *un* ave, *un* hacha, *un* hambre

III. Plural de los substantivos

Es la forma que toman las palabras variables para referirse a más de uno.

Ejemplos

Hay tres *bibliotecas* públicas en esta ciudad.
Los *edificios* son muy altos.
Los *jardines* tienen rosaledas.
Las *leyes* son para respetarlas.
Esa sortija tiene muchos *rubíes*.
Los *reyes* de España son Juan Carlos y Sofía.
Los *pies* de las *bailarinas* son flexibles.
Los *lápices* se venden en la papelería.
Los *sofás* son muy cómodos.

Ejercicio de reflexión

Escribir el plural.

1. el matiz	_____	11. el buey	_____
2. la manzana	_____	12. un automóvil	_____
3. el volcán	_____	13. el martes	_____
4. una pared	_____	14. el abedul	_____
5. el corral	_____	15. el irlandés	_____
6. la canción	_____	16. el astronauta	_____
7. un hotel	_____	17. el lápiz	_____
8. la tesis	_____	18. un planeta	_____
9. la trusa	_____	19. el helicóptero	_____
10. el sacapuntas	_____	20. la mamá	_____

Formación

El plural de los substantivos que terminan en vocal se forma añadiendo una *s*:

mano	– manos	dedo	– dedos
brazo	– brazos	rodilla	– rodillas
cabeza	– cabezas	diente	– dientes
pierna	– piernas	músculo	– músculos

El plural de los substantivos que terminan en consonante se forma añadiendo *es*:

dios	– dioses	limón	– limones	nogal	– nogales
sol	– soles	fresón	– fresones	frijol	– frijoles
metal	– metales	melocotón	– melocotones	melón	– melones
laurel	– laureles				

El plural de los substantivos que terminan en *vocal acentuada* o en *y* se forma añadiendo *es*:

tabú	– tabúes	buey	– bueyes
ley	– leyes	coquí	– coquíes
rubí	– rubíes	colibrí	– colibríes
hindú	– hindúes		

excepciones:

mamá	– mamás	café	– cafés
papá	– papás	pie	– pies
sofá	– sofás		

El plural de los substantivos que terminan en *z* se forma cambiando la *z* a *c* y añadiendo *es*:

luz	– luces	cruz	– cruces
lápiz	– lápices	nuez	– nueces
avestruz	– avestruces	pez	– peces

El plural de dos substantivos de diferente género se expresa en el masculino plural:

el joven y la joven	= los jóvenes
los chicos y las chicas	= los chicos
el rey y la reina	= los reyes
el gato y la gata	= los gatos

En el plural de los substantivos que terminan en *es* o *is* no cambia más que el artículo:

el lunes	– los lunes
el paréntesis	– los paréntesis
la crisis	– las crisis

El plural de los substantivos que terminan en *és* (*e* con acento) pierde el acento y se añade la sílaba *es*.

el marqués	– los marqueses
el danés	– los daneses
el inglés	– los ingleses
el payés	– los payeses

Los substantivos formados de palabras compuestas sólo cambian el artículo en el plural.

el paraguas	– los paraguas
el abrelatas	– los abrelatas
el portamonedas	– los portamonedas
el parabrisas	– los parabrisas
el rascacielos	– los rascacielos

Ejercicios de comprobación

Escribir el plural de los substantivos.

1. (rey) Los _____ viven en el palacio.

2. (sofá) Estos _____ son de estilo isabelino.

3. (miércoles) Los _____ nadamos en la piscina.

4. (dedo) Tenemos cinco _____ en cada mano.

5. (pie) Los dedos de los _____ son diez.

6. (rascacielos) Los _____ son muy altos.

7. (soportal) Hay puestos debajo de los _____ del Zócalo.

8. (balcón) Los _____ están llenos de flores.

9. (colibrí) En la jungla tropical hay muchos _____ .

10. (juez) Los _____ pronuncian las sentencias.

11. (él y ella) _____ bailan el merengue en la isla.

12. (bambú) En Asia hay plantas de _____ .

13. (papel) Los _____ se queman en la chimenea.

14. (bailarín) Los _____ saltan a gran altura.

15. (melocotón) Los _____ abundan en el verano.

Ejercicios de repaso

A. Escribir el artículo definido o indefinido, o la contracción si es necesario.

1. Él es _____ político muy astuto.

2. Vamos a escribir todos _____ ejercicios de _____ libro.

3. _____ García viven en las afueras de _____ ciudad.

4. ¿Es _____ ruso _____ idioma muy difícil?

5. _____ estudiante más inteligente de la clase lee todos _____ artículos.

6. _____ doctor González es _____ cirujano muy famoso.

7. ¿Es _____ hora de _____ almuerzo?

8. Lima es _____ capital de _____ Perú.

9. _____ clima de California es muy agradable.

10. La esposa de _____ señor Durán toca _____ piano.

11. Queremos hacer _____ viaje a _____ Ecuador.

12. _____ ama de casa está trabajando en la cocina.

13. _____ primavera es _____ estación lluviosa.

14. Debemos estudiar _____ chino porque es un idioma de gran importancia.

15. El campesino cortó _____ árbol con _____ hacha.

B. Escribir, si es necesario, la forma apropiada del artículo definido o indefinido, o la contracción.

1. Me lo dijo _____ cierta persona.

2. Siempre le contestan en _____ inglés.

3. Valen sesenta pesetas _____ docena.

4. _____ Habana es _____ capital de _____ Cuba.

5. Antes de comer se lavan _____ manos.

6. Fueron a esquiar a _____ Pirineos.

7. ¡Hola, _____ Sra. González! ¿Cómo está usted?

8. En aquel pueblo vivían más de _____ mil habitantes.

9. Buscamos _____ otro diccionario más completo.

10. Julia salió sin ponerse _____ abrigo.

C. Escribir la forma del artículo definido o indefinido, o la contracción.

1. Siempre que estamos de vacaciones en _____ Andes, mis amigos y yo escalamos _____ montañas

más altas. Desde allí podemos admirar _____ panorama de _____ paisaje andino. A _____ oeste se

ve _____ Océano Pacífico mientras que a _____ este hay _____ montes impresionantes cubiertos

de nieve. A lo lejos también se puede ver Lima, _____ capital de _____ Perú.

2. Al entrar en _____ clínica Santa Rosa _____ pasado lunes, descubrí _____ actividad rutinaria de

_____ servicios médicos de _____ famoso y respetado hospital en _____ interior de _____ país.

Noté _____ profesionalismo de _____ empleados, enfermeros y médicos quienes cumplen _____

labor humana tan importante.

3. En _____ isla de Puerto Rico, _____ de las más bellas de _____ Mar Caribe, se puede disfrutar de

_____ agradable clima y de _____ diferentes variedades de plantas y animales nativos de _____

región tropical. _____ de las especies de ranas, cuyo nombre refleja fonéticamente _____ sonido que

hace, es _____ coquí. _____ coquíes ofrecen _____ acompañamiento musical al ambiente isleño.

CH. Terminar la oración de manera original usando la forma del artículo definido o indefinido.

1. Cuando voy a jugar al ténis siempre llevo _____

_____

_____

2. En el circo los espectadores disfrutan de _____

_____

_____

3. En mi clase de español hablamos de _____

_____

_____

4. Cuando tienes una entrevista importante debes ponerte _____

_____

_____

5. Si tienes que limpiar tu casa necesitas _____

_____

_____

D. Escribir el verbo en el tiempo apropiado.

1. Era posible que todos (venir) _____ a la vez.

2. Se lo explicaré a él en cuanto le (ver) _____.

3. Tienen un coche que (consumir) _____ mucha gasolina.

4. No había nadie que (ser) _____ tan fuerte como Alberto.

5. Siento mucho que él (ponerse) _____ _____ enfermo.

6. No me sorprendió que ella (dejar) _____ su puesto.

7. Lo haremos nosotros, así que (descansar) _____ Ud. un poco.

8. Dudábamos que Uds. lo (haber) _____ sabido.

9. Sería preciso que todos (asistir) _____ a la reunión.

10. Cualquier libro que (escoger) _____, te gustará.

11. ¿Prefieres (aplazar) _____ la reunión?

12. Estoy seguro que yo te lo (poder) _____ dar mañana.

13. Ojalá que lo (haber) _____ hecho Enrique.

14. Queríamos un hotel que no (costar) _____ demasiado.

15. Me dijo que lo haría tan pronto como él (poder) _____.

E. Cláusulas de *si*. Escribir el verbo en el tiempo apropiado.

1. Si les (interesar) _____ la idea, nos lo dirían.

2. Si él (ser) _____ generoso, me daría más dinero.

3. Te hablarían si tú (saber) _____ hablar ruso.

4. Si ellos (ir) _____ al parque, descansarán.

5. Si Uds. me lo (haber) _____ mencionado antes, yo les habría ayudado.

6. Haríamos un viaje a Europa si (tener) _____ tiempo y dinero.

7. Si tu amigo (robar) _____ algo de una tienda, ¿qué harías tú?

8. Si yo (reencarnarse) _____ _____, me gustaría ser un ave.

9. Si Ud. se (haber) _____ arreglado más temprano, nosotros habríamos salido antes.

10. Si nosotros (vivir) _____ en la China, aprenderíamos el chino.

SEXTA LECCIÓN

LOS PRONOMBRES COMPLEMENTOS, LOS PRONOMBRES REFLEXIVOS Y LOS PRONOMBRES TÓNICOS (DESPUÉS DE UNA PREPOSICIÓN)

I. Pronombres complementos

Ejemplos

¿Escuchan Uds. lo que dice el profesor?   Sí, *lo* escuchamos.

¿Me conoce Ud?   Sí, yo *lo* conozco.

¿Ha corregido Ud. sus ejercicios?   No, no *los* he corregido.

¿Os gustaría ver esta película?   Sí, nos gustaría ver*la*.

¿Sabe ella que Jerónimo está enfermo?   Sí, *lo* sabe.

¿*Los* has visto en la biblioteca?   Sí, *los* he visto.

¿Ha analizado Ud. ese poema?   Sí, *lo* he analizado.

¿Han depositado Uds. el dinero en el banco?   Sí, *lo* hemos depositado.

¿*Les* satisface a Uds. su trabajo?   Sí, *nos* satisface.

¿Cuántos discos *les* ha prestado Ud. a sus amigos?   *Les* he prestado muchos.

¿*Me* ha dejado ella el mensaje?   No, ella no *te lo* ha dejado.

¿Has enviado ya los libros a Natalia?   Sí, ya *se los* he enviado.

¿Va a dar*le* él la llave a Ud.?   Sí, él *me la* va a dar.

                                 Sí, él va a dár*mela*.

¿Estás leyendo el periódico?   Sí, estoy leyéndo*lo*.

                                 Sí, *lo* estoy leyendo.

Tu abuelo no tiene sellos para las cartas.   Cómpra*selos*.

Si tienes que hacer alguna pregunta,ház*sela* a él, pero no *me la* hagas a mí.

Ejercicio de reflexión

Reemplazar las palabras indicadas por los pronombres complementos.

1. Siempre estamos buscando *buenos ejemplos*.

2. Nos entregaron *los exámenes*.

3. Regalaremos *los dulces a mi madre*.

4. Por favor, mande Ud. *una tarjeta a su abuela*.

5. ¿Conociste a *Silvia* en el baile?

6. ¡Pilar, ofrece *unos refrescos a los invitados*!

7. Tendrán que resolver *el problema* antes de mañana.

_____

8. El pasajero contó *muchos chistes al chófer del taxi.*

_____

9. Yo ya había comprado *la máquina.*

_____

10. ¿Vais a aprender *los poemas* de memoria?

_____

Explicación

Complementos directos		*Complementos indirectos*	
me	nos	me	nos
te	os	te	os
lo	los	le	les
(le)*			
la	las		
lo (neutro)			

le se usa en algunas regiones de España para referirse a personas.

Usos

1. El complemento directo recibe directamente la acción del verbo. Puede ser objeto o persona. El complemento directo responde a la pregunta: *¿Qué?* o *¿A quién?*

   Ella lava *la ropa.* ¿Qué lava?
   Yo doy *el dinero.* ¿Qué doy?
   Él invita *a sus amigos.* ¿A quiénes invita?
   Vemos *a las chicas.* ¿A quiénes vemos?

   El pronombre complemento directo substituye al substantivo.

Ella *la* lava.	(la ropa)	Él *los* invita.	(los amigos)
Yo *lo* doy.	(el dinero)	*Las* vemos.	(las chicas)

2. El complemento indirecto es en el que recae la acción del verbo, y responde a la pregunta: *¿A quién?*

   Yo doy el dinero *a Juan.* ¿A quién? A Juan.

   El pronombre complemento indirecto substituye al nombre.
   Para evitar ambigüedad se repite el nombre acompañado de la preposición *a.*

   Yo *le* doy el dinero *a Juan.*
   ¿A quién doy el dinero? A Juan.
   A Enrique *le* gustan los deportes.

3. Los pronombres complementos se colocan delante del verbo que se conjuga.

   Él hace *el trabajo.* Él *lo* hace.
   Nosotros escribimos *las cartas.* Nosotros *las* escribimos.

Los pronombres complementos pueden ir después del infinitivo y del gerundio formando una sola palabra, o delante del verbo que se conjuga.

> Tengo que hacer*lo*. (*Lo* tengo que hacer.)
> Estamos escribiéndo*las*. (*Las* estamos escribiendo.)

Siempre van después del mandato afirmativo:

> ¡Díga*me* la verdad!
> ¡Díga*mela*!

Sin embargo, siempre van delante del verbo en el mandato negativo.

> ¡No *me* traigas *el periódico*!
> ¡No *me lo* traigas!

4. Cuando hay dos pronombres complementos (directo e indirecto), el complemento indirecto siempre precede al complemento directo.

> Él *me* presta *el coche*.   Él *me lo* presta.

Cuando hay dos pronombres complementos en tercera persona (*le, la, lo, los, las*) el complemento indirecto cambia a *se*.

> Nosotros le decimos *la verdad* al juez.
> Nosotros *se la* decimos.

> Ellos *les* compran *helados* a los niños.
> Ellos *se los* compran.

> El director *les* distribuye los *diplomas* a los estudiantes.
> El director *se los* distribuye.

> *Le* vendí *el automóvil* a Juan.
> *Se lo* vendí.

5. El pronombre neutro *lo* se refiere a una idea o concepto y puede substituir a un adjetivo, una preposición o una cláusula subordinada.

> Él es un buen atleta. Él *lo* es.
> Ella es una buena actriz. Ella *lo* es.
> ¿Estamos listos? Sí, *lo* estamos.
> ¿Es Ud. guatemalteca? Sí, *lo* soy.
> ¿Sabe él que vamos de veraneo? Sí, *lo* sabe.
> ¿Está la niña sin ropa? Sí, *lo* está.
> ¿Está la silla contra la pared? Sí, *lo* está.
> Su marido está muriéndose pero ella no *lo* sabe.

Ejercicios de comprobación

A. Reemplazar las palabras indicadas por los pronombres complementos.

1. Ella da *dinero* a *las organizaciones sociales*.

   Ella _____ _____ da.

2. Mi padre conoció *a mi madre* en la universidad.

   Mi padre _____ conoció en la universidad.

3. La anfitriona está sirviendo *una gran comida a los invitados*.

   La anfitriona _____ _____ está sirviendo.

4. ¡No *me* cuentes *los chismes*!

   ¡No _____ _____ cuentes!

5. Ella dijo *la verdad a su novio*.

   Ella _____ _____ dijo.

6. Él es *un buen actor*.

   Él _____ es.

7. Nosotros terminaremos *los ejercicios* mañana.

   Nosotros _____ terminaremos mañana.

8. Ellos tienen que escribir *las cartas*.

   Ellos tienen que escribir _____ .

9. Ud. compró *muchos juguetes a los niños*.

   Ud. _____ _____ compró.

10. ¿Son ellas *buenas estudiantes*?

    Sí, ellas _____ son.

B. Reemplazar las palabras indicadas por los pronombres complementos, cambiando los mandatos a la forma negativa.

1. Trae *los platos de la cocina*.

   No _____ .

2. Pongamos *los libros* sobre el mostrador.

   No _____ .

3. Escribe *a tus abuelos tarjetas postales*.

   No _____ .

4. Preparen *las maletas* para *Miguel*.

   No _____ .

5. Saca *las garrapatas al perro*.

   No _____ .

6. Enciende *la luz*.

   No _____ .

7. Compre *las flores* a diez pesos la docena.

   No _____ .

8. Pintemos *la vista* de *las montañas*.

   No _____ .

9. *Levantáos* a las seis y media.

   No _____ .

10. Preparen *los regalos para los familiares*.

   No _____ .

II. Pronombres reflexivos

Ejemplos

Yo *me cepillo* los dientes tres veces al día.
Nosotros vamos a *divertirnos* en Mallorca.
Elena está *lavándose* las manos.
Elena *se* está *lavando* las manos.
Siéntate y no *te levantes* de la silla.
Yo *me miro* en el espejo cuando *me peino*.

Ejercicio de reflexión

Escribir el pronombre reflexivo apropiado.

1. Yo _____ levanto todos los días a las siete.

2. Tú y yo _____ respetamos.

3. Ellos van a sentar _____ en aquellos asientos.

   Ellos _____ van a sentar en aquellos asientos.

4. ¿Estáis vosotros lavándo _____ ahora?

   ¿_____ estáis lavando vosotros ahora?

5. Levánta _____ , por favor, y cierra la ventana.

Explicación

Pronombres reflexivos

me	nos
te	os
se	se

NOTA: Los pronombres reflexivos se colocan igual que los pronombres complementos directos e indirectos. (Véase págs. 94, 95.)

Usos

1. Se emplea en la conjugación de los verbos reflexivos. Los verbos son reflexivos cuando la acción recae sobre el mismo sujeto que la ejecuta.

2. El pronombre reflexivo se emplea para expresar una acción recíproca en la cual la acción es mutua.

> Ellos *se abrazan*. (una persona a otra)
> Los dos *se besan*.
> Ellos *se saludan*.
> Nosotros *nos miramos*.
> Tú y yo *nos tuteamos*.
> *Os respetáis*.

Ellos se abrazan

Ellos se besan

Ellos se saludan

3. Los pronombres reflexivos se utilizan como objeto indirecto.

> Ella *se* lavó el pelo.
> Ella *se lo* lavó.

4. Se emplea el pronombre reflexivo *se* para formar la voz pasiva cuando el agente o no se sabe o no interesa. (Véase pág. 19.)

> *Se* habla español.
> *Se* sirven tortillas de maíz.

5. El pronombre reflexivo *se* también puede substituir al sujeto indefinido: *uno* o *una*.

> *Uno* no puede entrar sin billete.
> No *se* puede entrar sin billete.
> *Uno* no puede vivir así.
> *Uno* busca consuelo en su soledad.

6. A veces el verbo reflexivo va acompañado por el pronombre *se* y por el complemento indirecto para indicar una situación inesperada.

> Se acabó la gasolina.   El reloj se paró.
> Se *me* acabó la gasolina.   Se *le* paró el reloj.
>
> Los libros se cayeron.   Se perdieron las maletas.
> Se *te* cayeron los libros.   Se *les* perdieron las maletas.
>
> Se rompió la bicicleta.   Se murió el perico.
> Se *les* rompió la bicicleta.   Se *me* murió el perico.

En estos casos el reflexivo precede al pronombre complemento indirecto.

7. El reflexivo se emplea con los verbos que normalmente no son reflexivos, para indicar una participación intensa del sujeto.

Bebió un vaso de vino.　　　　　Comí un trozo enorme de queso.
Se bebió un vaso de vino.　　　*Me* comí un trozo enorme de queso.

Ejercicios de comprobación

A. Escribir el reflexivo apropiado.

Todas las mañanas yo _____ despierto cuando sueña el despertador. No _____ levanto inmediatamente porque tengo mucha pereza. Después de diez minutos _____ tiro de la cama y voy al cuarto de baño para duchar _____ y afeitar _____. Mis hermanos _____ levantan más temprano que yo porque tienen que tomar el autobús a las siete y media. Cuando yo voy a la cocina mis padres ya están allí; _____ besamos y yo _____ siento a tomar el desayuno. Después de desayunar, busco mis libros y _____ voy al colegio. En el colegio veo a mis compañeros y _____ saludamos alegremente.

B. Terminar las oraciones de forma original usando verbos reflexivos en una variedad de tiempos.

1. La noche antes de competir en un deporte, yo _____

_____

_____

2. Mañana, mi amiga y yo iremos a un baile y nosotras _____

_____

_____

3. Antes de ir a su trabajo, mi madre _____

_____

_____

4. Ayer, antes de las nueve de la mañana, tú _____

_____

_____

III. Pronombres tónicos (después de una preposición)

Este regalo es para *ti*.
Esto me sucedió a *mí*.
Ella lleva siempre sus libros *consigo*.
Yo quiero hablar *contigo*.
Ella bailó *conmigo*.
Quiero ir con *Ud.*
Ella siempre habla de *sí* misma.
¿Está papá en el garaje? No, acaba de salir de *él*.

Ejercicio de reflexión

Escribir la oración reemplazando las palabras indicadas con los pronombres tónicos.

1. Todos van sin *Carlos*.

   _____

2. Las dos irán con *Tomás* y *Daniel*.

   _____

3. Isabel y yo estábamos allí con *Raquel* y *Javier*.

   _____

4. Pensamos ir sin *nuestras hermanas*.

   _____

5. Háblame de *tu amigo*.

   _____

6. ¿Piensas mucho en *Inés*?

   _____

7. Las rosas son de *Luis*.

   _____

8. Estuvieron cerca de *la casa*.

   _____

9. He llamado *al policía*.

   _____

10. Los muebles no estaban en *el cuarto*.

    _____

Explicación

Los pronombres tónicos se colocan después de una preposición.

mí	nosotros
ti	vosotros
él	ellos
ella	ellas
Ud.	Uds.
ello (neutro)	

Usos

1. Se emplean para substituir al substantivo después de una preposición.

> El regalo es para María.
> El regalo es para *ella*.

> Nosotros salimos juntos del edificio.
> Nosotros salimos juntos de *él*.

> *Excepción:* Después de la preposición *con*, las formas de la 1ª y la 2ª persona del singular y la 3ª persona singular y plural son las siguientes:

conmigo	¿No quieres ir *conmigo*?
contigo	No olvides de llevar las llaves *contigo*.
consigo	Ella trajo el equipaje *consigo*.
	Ellos llevaron los libros *consigo*.

2. Muchas veces el pronombre tónico se usa para poner más énfasis en el complemento indirecto.

> Ella me lo contó a *mí*, no a *ti*.

Otras veces sirven para evitar la ambigüedad del objeto indirecto *se*.

> Se lo dimos a *él*.
> Se la escribe a *ellos*.

3. *Ello* es un pronombre neutro que se refiere a una idea general.

> Ella está fascinada con *ello*. (la idea de un viaje)
> Todos están hablando de *ello*. (lo que ocurrió ayer)
> Nosotros creemos en *ello*. (alguna idea)

4. En la tercera persona singular y plural es frecuente el uso del adjetivo *mismo* (*misma, mismos, mismas*) con el pronombre *sí*.

> Él siempre piensa en *sí mismo*.
> Ella no se viste para los demás, se viste para *sí misma*.
> Ellos están satisfechos de *sí mismos*.

Ejercicios de repaso

A. Escribir la oración reemplazando las palabras indicadas por los pronombres complementos.

1. Me van a prestar *su barco de vela* para este fin de semana.

_____

2. Toca *el piano* para animar a su madre.

_____

3. Es necesario poner *un telegrama a Anita*.

_____

4. ¿Vas a ponerte *las botas* antes de ir?

_____

5. Estaban explicándonos *sus teorías* cuando ellos entraron.

_____

6. No *les* repitáis vosotros *los secretos a ellos*.

_____

7. Tiraron *las piedras al perro*.

_____

8. Vengo a dar *consejos a los jóvenes*.

_____

9. Vimos *a Pepe* cerrando *las puertas*.

_____

10. El gamberro atacó *al señor* en pleno día.

_____

11. ¡Marta, lee *la frase a la clase*!

_____

12. Mostró *la herida al médico*.

_____

13. Los habitantes mantendrán *las calles* limpias.

_____

14. A él le gusta darnos *un susto*.

_____

B. Escribir la oración reemplazando las palabras indicadas por el pronombre tónico.

1. Hay un recado aquí para *María*.

_____

2. Enrique entró en el recibidor después de *Julio y de mí*.

_____

3. Casi nunca conversaba con *sus vecinos*.

_____

4. ¿Harán el viaje sin *equipaje*?

_____

5. Antes de hacerlo queremos consultarlo con *nuestro médico*.

_____

6. Los dos salieron del *hotel* a la vez.

_____

7. No pondrán las toallas mojadas encima de *los muebles*.

_____

8. Traen flores para *la Sra. Tormes*.

_____

9. ¿Hay algo aquí para *Carmen y Lola*?

_____

10. Entró en *el tren* sin *sus maletas*.

_____

C. Escribir un pronombre apropiado.

1. Gracias, pero no tengo tiempo para ir con _____ ahora, Pancho.

2. No me hables de Teresa, no quiero saber nada de _____.

3. _____ lo prometieron a ti.

4. Los novios _____ miraron en silencio antes de besarse.

5. La viuda _____ puso un vestido negro.

6. No te lo hemos dicho pero _____ _____ diremos más tarde.

7. ¿Por qué no _____ haces caso a tu mamá?

8. ¿_____ gusta a vosotros el clima de aquí?

9. Mi prima está muy deprimida, vamos a animar _____.

10. No se lo hemos mencionado al profesor pero vamos a mencionár _____ mañana.

CH. Escribir la oración reemplazando las palabras indicadas por los pronombres complementos.

1. Estaban reflexionando sobre *los sucesos del día*.

   _____

2. Ella no puede soportar *la ingratitud* de *sus sobrinos*.

   _____

3. El joven no sabe enfrentarse con *la realidad*.

   _____

4. Nosotros nos despedimos de *nuestros abuelos* en el andén.

   _____

5. Ellos *les* deben *todo a sus padrinos*.

   _____

6. ¡Clara, dame *tu opinión*!

   _____

7. Izaron *la bandera de los EE.UU.* en *la luna*.

   _____

8. No siga Ud. por *ese camino*.

   _____

9. Dijeron que averiguarían *la verdad*.

   _____

10. Nos echaron *la culpa* a nosotros.

   _____

11. ¿Vas a repetir *los cuentos a los niños*?

   _____

12. No expliques *tantas cosas a tus tíos*.

   _____

13. El prisionero se escapó de *la cárcel*.

   _____

14. ¿Llevarás *un abrigo* si hace fresco?

_____

15. El niño no quiere soltar *a su gato*.

_____

16. Vamos a dar *una sorpresa a papá*.

_____

17. No creáis *las palabras del administrador*.

_____

18. No están cosechando *mucho maíz* a causa de *la sequía*.

_____

19. Por favor, explíquenos *las causas del problema*.

_____

20. No pudieron reconocer *los síntomas*.

_____

D. Escribir el artículo definido.

1. _____ lunes
2. _____ día
3. _____ mujer
4. _____ águila
5. _____ padre
6. voy a _____ mercado
7. la casa de _____ señores García
8. _____ actriz
9. _____ juventud
10. _____ idioma
11. _____ acción
12. _____ mapa
13. _____ varón
14. _____ hembra
15. _____ reloj de arena
16. _____ alumno
17. _____ mano fuerte
18. _____ artista famosa
19. _____ novelista famoso
20. _____ papel
21. _____ patrulla
22. _____ alma pura
23. _____ poema lírico
24. _____ nieve

E. Escribir el artículo definido o indefinido.

1. Tu tío es _____ arquitecto muy inteligente.
2. Jugamos todos _____ sábados.
3. Muchos estudian _____ alemán en Chicago.
4. Queremos ver _____ Amazonas en _____ Brasil.
5. Hay muchos coches en _____ calle hoy.
6. Nueva York es _____ ciudad muy grande.
7. ¿Quién es _____ señor López? Es _____ buen profesor de español.
8. _____ francés es _____ lengua oficial de Francia.

9. _____ Paraguay está muy lejos de _____ Canadá.

10. Estamos en _____ aula de _____ profesora Álvarez.

11. _____ pizarra está cerca de _____ escritorio.

12. Hay muchos carteles en _____ paredes.

13. Son _____ dos de _____ tarde.

14. Algún día, ella va a hacer _____ viaje a España.

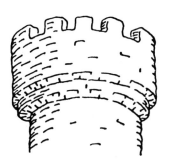

SÉPTIMA LECCIÓN

LOS POSESIVOS Y LOS DEMOSTRATIVOS

I. Posesivos

A. *Adjetivos posesivos*

Ejemplos

Juan tiene un perro; *su* perro duerme enfrente de la chimenea.
Pedro envió tarjetas postales a *mi* tío, a *mi* tía y a *mis* primos.
María quiere a *sus* padres.
Bernardo habla con una prima *suya*.
Me ha escrito una tía *mía*.
Nuestras compañeras siempre quieren pasear por las calles de Madrid.
Su padre insiste en que regresen antes de medianoche.
Vuestros padres juegan al tenis todos los sábados.
Mi automóvil está en el garaje; necesitamos *el tuyo*.
Tu raqueta es más cara que *la mía*.
Tus llaves están en la mesa.

Ejercicio de reflexión

Escribir el adjetivo posesivo apropiado según el sujeto.

1. Yo tengo _____ libro.

   Él tiene el libro _____ .

2. Tú ves a _____ amigos.

   Yo no veo a los amigos _____ .

3. Ella lleva _____ bolsa.

   Nosotros llevamos las bolsas _____ .

4. Vosotros escribís _____ ejercicios.

   Ellos escriben los ejercicios _____ .

5. Ana, ¿tienes _____ bicicleta?

   Yo dejé la bicicleta _____ en el garaje.

Explicación

Un poseedor	Forma apocopada (corta)	Forma acentuada (larga)
yo	mi, mis	mío, mía, míos, mías
tú	tu, tus	tuyo, tuya, tuyos, tuyas
él ella Ud.	su, sus	suyo, suya, suyos, suyas
Varios poseedores		
nosotros	nuestro, nuestra nuestros, nuestras	nuestro, nuestra nuestros, nuestras
vosotros	vuestro, vuestra vuestros, vuestras	vuestro, vuestra vuestros, vuestras
ellos ellas Uds.	su, sus	suyo, suya, suyos, suyas

El adjetivo posesivo siempre concuerda en género y número con el objeto poseído; *jamás* concuerda con el poseedor.

Mi casa está en la calle Mayor.
Mi cuarto está bien decorado.
Tu gato es grande.
Tus estudiantes están esperándote.
La nariz *suya* (la de ella) es pequeña.
Los hijos *suyos* son buenos atletas.
Nuestra cabaña es antigua.
Nuestros hijos son muy inteligentes.
Uno de los coches *vuestros* es rojo, y el otro es azul.
Vuestro jardín está bien cuidado.
Vuestras profesiones son lucrativas.

Usos

1. Forma apocopada (corta)

   a. Los adjetivos posesivos preceden al substantivo.

      Yo tengo *mis* billetes para el viaje.

   b. Con las partes del cuerpo y con prendas de vestir se emplea el artículo definido en lugar del posesivo.

      Me duele *la* cabeza.   Rafael se pone *el* sombrero.
      ¿Te duelen *los* pies?   Ellos se cambian *la* ropa.

c. En español se emplea el adjetivo posesivo menos que en inglés.

> Mi padre está en *la* oficina. (no en su oficina)
> Mi hijo está estudiando en *el* colegio. (no en su colegio)

NOTA: Se usa *Su* con títulos de tratamiento:

Su Reverencia	Su Alteza Real
Su Eminencia el Cardenal	Su Excelencia
Su Majestad el Rey de España	Su Santidad el Papa

2. Forma acentuada (larga)

   a. Los adjetivos posesivos de forma larga (acentuada) van detrás del substantivo, y éste (el substantivo) va precedido por un artículo o una palabra determinativa.

   > Un primo *tuyo* vive en Miraflores.
   > Aquella tía *mía* estaba loca.
   > El tío *nuestro* tiene una casa en la sierra.
   > Ese amigo *vuestro* me cae mal. (no me gusta)

   b. La posesión también se puede expresar con la preposición *de* + un substantivo o pronombre personal. Esta forma con *de* se usa para evitar la ambigüedad que puede existir en la tercera persona.

   > Aquel perro *de Juan* duerme enfrente de la chimenea.
   > El libro *de María* está sobre la mesa.
   > El hijo *del mecánico* arregló la bicicleta.
   > El hijo *suyo* estudia idiomas. (posibilidades: *de él, de ella, de Ud., de ellos, de Uds.*)
   > El hijo *de él* estudia idiomas.

   c. La forma larga (o acentuada) del adjetivo es muy usada en las exclamaciones:

¡Dios mío!	¡Madre mía!
¡Hijo mío!	¡Amor mío!

B. *Pronombres posesivos*

Ejemplos

> No tengo pluma.
> Toma *la mía*.

> Mis notas son buenas. ¿Cómo son *las tuyas*? | Mi perro es valiente. ¿Cómo es *el tuyo*?
> *Las mías* son mediocres. | *El mío* es cariñoso.

Ejercicios de reflexión

Escribir el pronombre posesivo apropiado.

1. ¿Podemos usar tu coche? _____ no funciona. (de nosotros)

2. Sus abuelos viven en otra ciudad. _____ viven allí también, ¿no? (de ti)

3. Mi toalla es blanca; _____ es verde. (de Uds.)

4. Mi amiga me llamó. _____ no. (de Ud.)

5. ¿Cuál es tu número de teléfono? _____ es el 22-58-96. (de mí)

6. Nuestras ventanas están sucias, pero _____ están muy limpias. (de vosotros)

7. Fuimos a clase ayer. ¿Fueron Uds. a _____? (de Uds.)

8. Él tiene grandes problemas. _____ son de menos importancia. (de mí)

Explicación

Un poseedor	Persona o cosa poseída en singular	Personas o cosas poseídas en plural
yo	el mío, la mía	los míos, las mías
tú	el tuyo, la tuya	los tuyos, las tuyas
él ella Ud.	el suyo, la suya	los suyos, las suyas
Varios poseedores		
nosotros	el nuestro, la nuestra	los nuestros, las nuestras
vosotros	el vuestro, la vuestra	los vuestros, las vuestras
ellos ellas Uds.	el suyo, la suya	los suyos, las suyas

El pronombre posesivo substituye al substantivo y concuerda en género y número con el objeto poseído.
Va precedido por el artículo definido, excepto en algunos casos después del verbo *ser*.

Mi coche está en el garaje; tenemos que usar *el tuyo*.
Este juguete es *mío*, no es *tuyo*.
Esta maleta no es *tuya*, es *mía*.
Mis hermanas juegan al tenis; *las suyas* (las de ellos) juegan al fútbol.
A tu perro le gustan los huesos, *al mío* también.
La biblioteca de tu colegio es moderna, la *del mío* es muy antigua.

NOTA: Fíjese en la contracción de las preposiciones *a* y *de* con el artículo *el*. (Véase pág. 86, párrafo ñ.)

Ejercicios de comprobación

Escribir el adjetivo o el pronombre posesivo apropiado.

1. Su clase es más fácil que _____. (de nosotros)

2. No quiero tu periódico; quiero _____. (de mí)

3. No vamos a su casa; vamos a _____ casa. (de ti)

4. ¿Qué pluma quieres, _____ (de ella) o _____? (de mí)

5. El trabajo de tu madre es interesante; el de _____ (mi madre) es aburrido.

6. A tu hermano le gusta el helado de café, a _____ (mi hermano) no.

7. A su hija le interesan las ciencias, a _____ (de nosotros) no.

8. Mi hermano estudia en esa universidad; _____ (de mis vecinos) estudia allí también.

9. Vuestra huerta está bien cuidada, _____ (de nosotros) tiene muchas hierbas.

10. Mi regalo para el cumpleaños de papá es caro; _____ (de mi hermana) es más barato.

11. Le gustó tu carta, pero no le gustó _____. (de nosotros)

12. Mis hermanas son estudiantes, pero _____ (de ti) son profesoras.

13. ¿Quién es _____ profesor? (de ti)

14. ¿Quiénes son _____ amigos? (de él)

15. _____ vecinos son muy chismosos. (de nosotros)

II. Adjetivos y pronombres demostrativos

Ejemplos

Esta fotografía que tengo es de mi abuelo.
Esos zapatos que llevas son muy bonitos y muy prácticos.
Aquellos cuadros de Picasso que vimos en la exposición fueron prestados por el museo de Barcelona.
No hay nada imposible en *este* mundo.
Juan, ¿cómo se llaman *esos* viajeros con quienes estás hablando?
Aquella tienda que visitamos en Bogotá tenía de todo.
El inspector *ese* ha sido muy antipático.
La profesora y el estudiante entraron en la clase; *éste* va a escribir un examen y *aquélla* va a corregirlo.
Este calor de hoy es insoportable.
Eso que tú me dices es verdad.
Mi hijo acaba de informarme que va a dejar de estudiar en la universidad. *Esto* me causa mucha pena.
¿Cuál de las telas eligió, *la* de lana o *la* de algodón?

Ejercicios de reflexión

A. Cambiar las palabras indicadas del plural al singular o del singular al plural.

1. *Este niño asiste* al colegio con mi sobrino.

_____

2. *Estas cervezas están frías.*

_____

3. *Aquel día* el frío fue insoportable.

_____

4. *Cuáles son tus billetes, éstos o ésos?*

_____

5. *Las señoras esas* no *tienen* nada de paciencia.

_____

B. Escribir el demostrativo apropiado.

1. ¿Qué es _____ que tienes en la mano?

2. Esta casa y _____ que tiene mi abuelo en Quito son iguales.

3. Hemos visto muchos colegios, pero preferimos _____ en que estudiamos ahora.

4. Cervantes y Shakespeare son autores famosos; _____ era inglés, y

_____, español.

5. Vimos dos programas de televisión anoche, pero _____, el que estamos viendo

ahora, es mucho más interesante.

Explicación

	Adjetivos			*Pronombres*		
masculino singular	este	ese	aquel	éste	ése	aquél
masculino plural	estos	esos	aquellos	éstos	ésos	aquéllos
femenino singular	esta	esa	aquella	ésta	ésa	aquélla
femenino plural	estas	esas	aquellas	éstas	ésas	aquéllas
neutro	esto	eso	aquello	esto	eso	aquello

Usos

1. Los adjetivos demostrativos se emplean para mostrar de una manera precisa en espacio y tiempo una persona o cosa. *Este, estos, esta* y *estas* se refieren a lo que está cerca de la persona que habla o a una cosa recién nombrada por el que habla. *Ese, esos, esa, esas* se refieren a lo que está cerca de la persona a quien se habla o a una cosa recién nombrada por la persona a quien se habla. *Aquel, aquellos, aquella, aquellas* se refieren a lo que está distante de ambas personas o a lo que ocurrió mucho antes.

Los pronombres tienen igual forma que los adjetivos; se emplean para substituir al substantivo. (Recientemente, la Real Academia de la Lengua Española ha autorizado a suprimir los acentos si no existe ambigüedad.) Este automóvil es azul; aquel es rojo.

2. *Éste, éstos, ésta, éstas* se refieren al último de dos antecedentes en la oración; *aquél, aquéllos, aquélla, aquéllas* se refieren al primero de dos antecedentes mencionados.

Juan vio a Juanita enfrente de la cafetería; ésta llevaba un suéter azul y aquél un sombrero tejano.

3. Los pronombres neutros *esto, eso, aquello* no se refieren a un substantivo, sino a una idea o concepto. Estos pronombres siguen la misma relación de espacio y tiempo que los otros pronombres.

El precio de la gasolina ha subido mucho.
Esto nos preocupa.

La guerra estalló a mediados de enero.
Eso les sorprendió.

Los astronautas exploraron la superficie lunar.
Aquello impactó la investigación científica.

¿Cuáles serán las ramificaciones del efecto invernadero?
Eso sí que no lo sabemos.

Suspendí el examen de historia.
¡*Eso* es terrible!

4. Los pronombres demostrativos especiales *el, los, la, las, lo* se usan en lugar de los pronombres demostrativos mencionados anteriormente cuando preceden a *de* o *que* en cláusulas relativas.

Yo compro el periódico de la mañana; él compra *el* de la tarde.
Yo traigo las copas de vino y tú traes *las* de champán.
Lo que me dijiste no me gustó.
Lo de la guerra es peligroso.

| Ejercicios de comprobación |

A. Cambiar las palabras indicadas del plural al singular o del singular al plural.

1. *Los señores esos* no *tienen* paciencia.

_____

2. *Esa motocicleta es* de mi colega.

_____

3. *¿Cuáles son tus pulseras, éstas o ésas?*

_____

4. *Aquéllos llegaron* ayer.

_____

5. Prefiero *ésta* no *aquélla*.

_____

B. Escribir el adjetivo demostrativo apropiado.

1. _____ cuadro que vimos en el Museo del Prado el año pasado es fascinante.
2. _____ frutas que tengo en la bolsa son muy frescas.
3. _____ camino aquí es más recto que _____ senda que se ve en la montaña.
4. _____ señores aquí son amigos míos.

5. Tomás, dame _____ carteras que llevas debajo del brazo.

6. _____ montañas del Perú son mucho más altas que las nuestras.

7. _____ muchachos que están contigo son buenos atletas.

8. _____ autobús en que estamos viajando es muy cómodo.

9. _____ noche que pasó Cortés en las orillas del lago fue una noche triste.

10. _____ noche voy al baile.

C. Escribir el pronombre demostrativo apropiado. Emplear los demostrativos especiales si son necesarios.

1. Este avión es grande, pero _____ que está volando sobre el aeropuerto es más grande todavía.

2. Hay muchas fábricas en la ciudad, pero _____ en la que trabajamos está a las afueras de la ciudad.

3. Muchas leyes de antes no eran muy comprensibles, pero _____ que tenemos ahora sí lo son.

4. Este anillo que llevo es de oro, pero _____ que llevas tú es de plata.

5. Juan, no se permite salir por esa puerta sino por _____ de aquí.

6. Apague Ud. la luz de ese cuarto, no de _____ aquí.

7. En el campeonato de fútbol entre los argentinos y los uruguayos, éstos vencieron a _____ .

8. Mi corbata es más bonita que _____ en el escaparate.

9. María y Rafael son estudiosos; _____ no es tan inteligente como aquélla.

10. _____ ejercicio no me gusta, pero el de ayer sí.

CH. Escribir el adjetivo o pronombre posesivo que corresponda.

1. Ponga Ud. aquí _____ firma.

2. Eres muy descuidado; ¿dónde pusiste _____ libros?

3. Nosotros vamos a explicarle _____ planes.

4. El nuevo consejero es muy estricto. ¿Qué piensa Ud. de _____ ideas?

5. No puedo llevarle porque no tengo _____ automóvil.

6. Yo siempre traigo _____ lápices.

7. Tú nunca traes _____ _____ . (lápices)

8. Ella siempre lleva _____ gafas cuando hace sol.

9. Él nunca usa _____ _____ . (gafas)

10. Mis discos son todos de música moderna; _____ _____ (de ti) son de música clásica.

11. Aquí están mis maletas. ¿Dónde están _____ _____ ? (maletas de Ud.)

12. El profesor dice muchos chistes. _____ _____ son poco originales.

13. Su árbol favorito es el abedul; _____ _____ (de mí) es el sauce llorón.

14. Estos son unos amigos _____ a quienes nosotros conocimos hace poco.

Ejercicios de repaso

A. Contestar con la forma apropiada del pronombre complemento directo, haciendo todos los cambios necesarios.

1. ¿Vio Ud. *la película*? _____

2. ¿Quiere Laura relatar *el cuento*? _____

   _____

3. ¿Conocen ellos *a los obreros de la fábrica*? _____

4. ¿Venderías *tu motocicleta*? _____

5. ¿Te dieron *las llaves*? _____

6. ¿Estaban ellos leyendo *los periódicos*? _____

7. ¿*Me* comprendes bien? _____

8. ¿Vamos a tomar *una limonada* después de la clase? _____

   _____

9. ¿Han visto Uds. *las tiendas de esa calle*? _____

10. ¿Escribirá la maestra *las oraciones* en la pizarra? _____

    _____

11. ¿Le dio Ud. *el regalo* a él? _____

12. ¿Has visto *las montañas de California*? _____

13. ¿Le mandaron Uds. *la invitación* a Sara? _____

    _____

14. ¿Quién te quitó *los fósforos*? _____

15. ¿Estará preparando *el té*? _____

16. ¿Os ponéis *trajes elegantes* de vez en cuando? _____

    _____

17. ¿Les pedirás *ayuda* a tus vecinos? _____

18. ¿Les gusta a Uds. comer *pan duro*? _____

19. ¿Te han dado alguna vez *un premio*? _____

    _____

20. ¿Pueden Uds. empezar *el día* sin un buen desayuno? _____

    _____

B. Completar con los pronombres complementos directos o indirectos.

1. Es una blusa bonita; quiero comprar _____ .

2. _____ veo a ella, pero no _____ veo a él.

3. Díga _____ a mí lo que pasó.

4. Jaime tiene una corbata nueva; su madre se _____ regaló.

5. ¿Por qué no están aquí Ana y Pepe? ¿No _____ invitaste?

6. Nuestra abuela llegará pronto y _____ queremos ver.

7. Allí está la catedral. ¡Visitémos _____!

8. Paco está detrás de la puerta; está escondiéndose detrás de _____.

9. No _____ des a mí el anillo; dáselo a él.

10. Ella no _____ hablará ni a ti ni a mí.

C. Escribir el tiempo del verbo entre paréntesis según el sentido de la oración. Atención a los pronombres.

Es verdad que a mí no (gustar) _____ _____ llevar gafas. Mi madre no (entender) _____ por qué yo no (querer) _____ llevarlas. Ella insiste en que yo (ponerse) _____ _____ las gafas por la mañana y que (quitarse) _____ _____ las gafas por la noche. Mi madre quiere que yo (ver) _____ todo alrededor de mí, pero ella no (saber) _____ que yo no (tener) _____ ganas de parecer un búho. Ella (temer) _____ que yo no (poder) _____ ver la pizarra en el aula, pero a mí lo que (importar) _____ _____ es que mis amigos no (reírse) _____ _____ de mí.

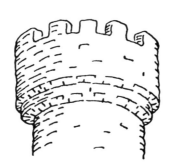

OCTAVA LECCIÓN

LAS PALABRAS INTERROGATIVAS Y EXCLAMATIVAS

I. Interrogativas

Ejemplos

> *¿Cuántos* hermanos tiene Ud.?
> *¿Por qué* no va nunca al teatro tu compañero de cuarto?
> *¿Dónde* has puesto las gafas?
> *¿Adónde* vas?
> *¿Qué* quiere decir esta palabra?
> *¿Cómo* se dice esto en español?
> ¿A *quiénes* ha invitado ella a la fiesta?
> *¿Cuál* de las jóvenes es la más guapa?
> ¿De *dónde* son sus padres?
> *¿Quién* ha llamado?

Ejercicio de reflexión

1. ¿_____ horas duermes?

2. ¿_____ habrás terminado el libro?

3. ¿_____ hora es?

4. ¿_____ están haciendo Uds.?

5. ¿_____ hace Ud.?

6. ¿En _____ está pensando Ud.?

7. ¿Con _____ escribes los exámenes?

8. ¿Con _____ tienes una cita?

9. ¿_____ es la electricidad?

10. ¿_____ de las dos raquetas de tenis prefieres?

Explicación

Las palabras interrogativas sirven para interrogar. Siempre llevan acento.

¿dónde?	*¿Dónde* vives?
¿adónde?	*¿Después de la clase, ¿adónde* vas?
¿cómo?	*¿Cómo* llegaste?
¿cuánto?	*¿Cuánto* cuesta eso? Esto cuesta cinco dólares.
¿cuándo?	*¿Cuándo* te marchas?
¿qué?	*¿Qué* planes tienes para el verano?
¿por qué?	*¿Por qué* lo hiciste?
¿para qué?	*¿Para qué* sirve el uranio?
¿quién?	*¿Quién* vino a verte?
¿cuál?	*¿Cuál* de los dos libros te gusta más?

Usos

1. *Qué* se emplea cuando se espera que la respuesta a la pregunta sea una definición o exprese la cualidad de una cosa.

> *¿Qué* color te gusta?
> *¿Qué* es poesía? "Poesía eres tú". (Béquer)
> *¿Qué* quieres decir?
> *¿Qué* proyectos tienes?
> *¿Qué* pescado me traes? (Qué clase de pescado)

2. *Cuál, cuáles* se emplea para distinguir una persona o una cosa de otra. Muchas veces lleva la preposición *de* o *entre*.

> *¿Cuál* de ellos prefieres? (Hay varios libros)
> *¿Cuál* es el mejor estudiante? (Hay varios estudiantes)
> De estos vestidos, *¿cuál* te gusta más?
> *¿Cuál* es la fecha? (Hay muchas fechas posibles)
> *¿Cuál* es la capital de este estado? (Hay muchas ciudades)
> *¿Cuál* es tu dirección?

3. *Cuándo* pregunta por el tiempo en que ocurre algo.

> *¿Cuándo* volvió Ud. del viaje?
> *¿Cuándo* llamará? ¡Hace tanto tiempo que lo espero!
> *¿Cuándo* lo vas a hacer?

4. *Cuánto, cuántos, cuánta, cuántas* pregunta por cantidad o número. Puede ser adjetivo, adverbio o pronombre. Como adjetivo concuerda con el substantivo. Como pronombre se refiere a personas y el substantivo queda implícito. Como adverbio se emplea en la forma masculina singular; esta forma es invariable.

> *¿Cuántos* años tienes?   (adjetivo)
> *¿Cuántas* horas pasaste en la playa?   (adjetivo)
> *¿Cuántos* vienen a comer?   (pronombre)
> *¿Cuánto* trabajas?   (adverbio)

5. *Quién, quiénes* pregunta por personas.

> *¿Quién* vive allí?
> *¿Quiénes* te han ayudado?
> No sé *quién* te llamó.
> "Dime con *quién* andas y te diré quién eres".
> *¿A quién* pediste el préstamo?

6. *Dónde* se emplea para preguntar por un lugar.

> *¿Dónde* pasaste el fin de semana?
> No sé *dónde* está mi llavero.
> *¿Adónde* piensas ir?

7. *Cómo* pregunta por la manera de ejecutar una acción o por la descripción de una persona o cosa.

> *¿Cómo* aprendiste a bailar tan bien?
> *¿Cómo* estudias?
> *¿Cómo* es el nuevo director del colegio?

8. *Por qué* pregunta por la causa o razón.

> *¿Por qué* no quieres jugar al tenis hoy?
> *¿Por qué* llegaron tarde?
> *¿Por qué* tiene que tomar él tantos medicamentos?

9. *Para qué* pregunta por el propósito o finalidad.

> *¿Para qué* sirven estas herramientas?
> *¿Para qué* me llamas?
> *¿Para qué* estudias? ¿Para médico?

Ejercicios de comprobación

Escribir el interrogativo apropiado según el sentido de la oración.

1. ¿_____ tiempo hace hoy?
2. ¿_____ irán Uds. a Venezuela? ¿Mañana?
3. ¿_____ metiste tus lápices? ¿En este cajón?
4. ¿_____ veces ha ido Ud. al cine este mes?
5. ¿_____ es la diferencia entre oído y oreja?
6. ¿_____ fueron Uds. y sus amigos la semana pasada? ¿A la fiesta de Susana?
7. ¿_____ _____ van ellos al gimnasio? ¿A nadar?
8. ¿_____ es el libro? ¿Interesante?
9. ¿De _____ es Ud.? ¿De la Florida?
10. ¿_____ es el puerto principal del Perú? ¿El Callao?

II. Exclamativas

Ejemplos

> ¡*Qué* de gente!
> ¡*Qué* calor!
> ¡*Cuánto* me gusta!
> ¡*Cuánto* te esfuerzas!
> ¡*Cómo* comen!
> ¡*Cómo* duermes!
> ¡*Cuán* bello es el murmullo de las palmas!

Escribir la exclamación apropiada.

1. ¡_____ concierto!

2. ¡_____ me apetece!

3. ¡_____ corre ese niño!

4. ¡_____ bien afilado está el cuchillo!

5. ¡_____ te aprecio, amigo mío!

Explicación

Se emplean los exclamativos *qué, cuánto, cómo* y *cuán* (uso literario) para expresar sentimientos de asombro, miedo, temor, alegría, etc. Siempre llevan acento.

Usos

1. ¡*Qué*! se emplea para expresar una cualidad.
   ¡*Qué* torpe es!

   A veces se emplean los adverbios *más* o *tán* seguidos del substantivo.
   ¡*Qué* puertorriqueña tan (más) cariñosa!

   Con *de* expresa número y equivale a *cuánto*.
   ¡*Qué de* gente va en el desfile!

2. ¡*Cuánto*! expresa cantidad cuantitativa o cualitativa.
   ¡*Cuánto* gastó en el viaje!

3. ¡*Cómo*! expresa modo o manera.
   ¡*Cómo* baila esta muchacha!

4. ¡*Cuán*! se emplea con adjetivos o adverbios. Se emplea principalmente en la literatura. Tiene un significado ponderativo o exclamativo.
   ¡*Cuán* pronto se van las aves en el otoño!

Ejercicios de comprobación

Escribir el exclamativo apropiado según el sentido de la oración.

1. ¡_____ cantaba el gran Caruso!

2. ¡_____ malos son aquellos niños!

3. ¡_____ tiempo tarda él en llegar!

4. ¡_____ árbol tan alto!

5. ¡_____ lejanas parecen estar aquellas nubes!

6. ¡_____ casa tan (más) linda!

7. ¡_____ baila aquella pareja!

8. ¡_____ frío hace aquí!

9. ¡_____ bien tocó ella la flauta!

10. "¡_____ presto se va el placer!" (Jorge Manrique)

| Ejercicios de repaso |

A. Escribir el interrogativo o exclamativo apropiado según el sentido de la oración.

1. ¡_____ día más agradable!

2. ¿_____ _____ sirve esta caja?

3. ¿_____ días hay en el mes de enero?

4. Entre estos dos colores, ¿_____ prefieres?

5. ¿_____ llegaron ellos? ¿En tren?

6. ¿_____ _____ dices que no lo crees?

7. ¿_____ es la fecha de su cumpleaños?

8. ¿_____ vendrán tus padres? ¿La semana que viene?

9. ¡_____ te quiero, mi amor!

10. ¿_____ compraste esta cámara? ¿En el Japón?

B. Escribir el interrogativo apropiado según las palabras indicadas.

1. Él me prometió que *él lo haría*. ¿_____ te prometió él?

2. No quieren esquiar porque *hace mucho frío*. ¿_____ _____ no quieren esquiar?

3. En nuestra clase hay *once* estudiantes. ¿_____ estudiantes hay en la clase?

4. Mi mejor amigo es *de Tejas*. ¿_____ _____ es tu mejor amigo?

5. Yo ando *lentamente*. ¿_____ andas tú?

6. Pedro ha pasado *cuatro horas* en la biblioteca. ¿_____ tiempo ha pasado Pedro en la biblioteca?

7. Pepa llevaba una blusa *azul*. ¿De _____ color era la blusa que llevaba Pepa?

8. Ellas *siempre* juegan al tenis allí. ¿_____ juegan al tenis allí?

9. El maestro les dio el examen *a todos*. ¿A _____ dio el maestro el examen?

10. *Asunción* es la capital del Paraguay. ¿_____ es la capital del Paraguay?

C. Escribir el posesivo (adjetivo o pronombre) según el modelo.

1. _____Mis_____ amigos son ciclistas. (los míos)

   a. _____ amigos son futbolistas. (los tuyos)

   b. _____ amigos son nadadores. (los nuestros)

   c. _____ amigos son alpinistas. (los suyos)

   ch. _____ amigos son corredores. (los vuestros)

2. __Las mías__ son los geranios. (mis flores favoritas)

   a. _____ son las rosas. (sus flores favoritas)

   b. _____ son las margaritas. (vuestras flores favoritas)

   c. _____ son las dahlias. (nuestras flores favoritas)

   ch. _____ son los claveles. (tus flores favoritas)

3. _____Mi_____ árbol preferido es el abedul. (el mío)

   a. _____ árbol preferido es la encina. (el suyo)

   b. _____ árbol preferido es el almendro. (el nuestro)

   c. _____ árbol preferido es el nogal. (el de ella)

   ch. _____ árbol preferido es la palma real. (el tuyo)

4. __La mía__ es la de español. (mi clase predilecta)

   a. _____ es la de psicología. (la de Roberto)

   b. _____ es la de geometría. (la de María José)

   c. _____ es la de geografía. (tu clase)

   ch. _____ es la de fotografía. (nuestra clase)

CH. Escribir el demostrativo apropiado.

1. De todas las corbatas que hay aquí me gusta más _____.

2. _____ ciudades que visitamos hace dos años son las más pintorescas de Europa.

3. _____ que tú dices, no lo puedo aceptar.

4. _____ señor aquí y _____ otro allá son íntimos amigos del presidente.

5. Linda es mayor que Elisa; _____ tiene trece años y _____ tiene quince.

6. _____ años de mi juventud fueron los más felices de todos.

7. _____ tarea que acabas de entregarme no está bien. Hazla de nuevo.

8. _____ flores que tenemos aquí son las más bonitas de todas.

9. Todos tratan de borrar de la memoria _____ día infame en que empezó la Segunda Guerra Mundial.

10. _____ sortijas que llevas valdrán mucho, ¿no?

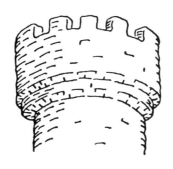

NOVENA LECCIÓN

LOS PRONOMBRES RELATIVOS

Ejemplos

La señora *que* trabaja en esta "boutique" es muy amable.
Déme el libro *que* está sobre la mesa.
¿Cómo se llama la joven *que* vimos anoche?
El policía, a *quien* le hicimos la pregunta, no nos contestó.
La razón por *la cual* les dije eso es muy simple.
Toma los libros *que* necesites.
Esta mujer, *cuyo* marido está enfermo, se ve obligada a trabajar.
La ciudad en *que* vivo no tiene mucha industria.
Muéstreme *al que* llegó tarde.
¿Qué automóvil quiere ahora? *El que* Ud. quería ya ha sido vendido.
Hagan *lo que* quieran.
Lo que más me interesa es la política.
Los terroristas, *cuyos* métodos son crueles, han secuestrado al primer ministro.
Las hijas de los García, *las cuales (las que)* están de vacaciones, están divirtiéndose mucho en la piscina.
Mi vecina, *quien* acaba de volver del sur, me regaló un florero bonito.

Ejercicio de reflexión

Escribir el pronombre relativo apropiado.

1. Las personas _____ escribieron este libro son bilingües.

2. Los ideales por _____ _____ murió eran quijotescos.

3. La señora a _____ invitamos nos mandó unas flores.

4. Esta motocicleta, _____ frenos no funcionan, no se puede vender.

5. El cantante a _____ oímos anoche nos entusiasmó.

6. La ingeniera, _____ proyecto aprobaron, se enriqueció.

7. Él no lo hizo, _____ _____ me parece muy mal.

8. La poetisa _____ recibió el Premio Nóbel vivía en una isla.

9. Los peces _____ viven en aguas contaminadas mueren.

10. Los científicos, _____ han descubierto ese rayo, se han hecho famosos.

Explicación

El pronombre relativo se refiere a un antecedente de la oración principal e introduce la oración subordinada.

que	personas, cosas cosas/después de una preposición (*a, de, con, en*)
quien, quienes	personas/después de preposiciones
el cual, el que los cuales, los que la cual, la que las cuales, las que	personas/cosas/después de preposiciones
lo que lo cual	neutro neutro
cuyo cuyos cuya cuyas	pronombre/adjetivo relativo

Usos

1. *Que* se emplea para referirse a personas o a cosas. Después de una preposición solamente se refiere a cosas.

   El vestido *que* he comprado es negro.
   El muchacho *que* viene es mi hermano.
   La casa en *que* vivimos ahora es de estilo colonial.
   El libro de *que* te hablé se me ha perdido.

2. *Quien, quienes* se usan después de preposiciones (*a, de, en con*) para referirse únicamente a personas. También se pueden emplear en lugar de *que* en una cláusula entre comas.

   Vi ayer a tu hermano *a quien* no había visto hacía tiempo.
   La señorita *de quien* te hablé es secretaria.
   El médico, *quien* acaba de entrar, es un hombre simpático.
   Las niñas, *quienes* estaban jugando en el patio, son las hijas del alcalde.

NOTA: Que puede emplearse después de la preposición *de* refiriéndose a personas.
   El chico *de que* te hablé es muy travieso.

3. *El cual, los cuales, la cual, las cuales* o *el que, los que, la que, las que* se refieren a personas o a cosas y se emplean especialmente después de algunas preposiciones formadas de más de una sílaba. Se emplean también para evitar confusión entre dos antecedentes. Concuerdan en número y género con el antecedente.

   Las casas cerca de *las cuales* (*las que*) vive nuestra abuela son históricas.
   La novia de Jorge, *la cual* (*la que*) vive en San Juan, es muy simpática.
   Subimos la montaña desde *la cual* (*la que*) vimos la puesta del sol.
   Los impuestos de la renta, *los cuales* (*los que*) eran bajos, de pronto, han subido.

4. *El que, los que, la que, las que* pueden substituir a *quien, quienes* como sujeto.

El que no come no engorda.   *Los que* no duermen no descansan.
Quien no come no engorda.   *Quienes* no duermen no descansan.

"*Los que* se aventuran pasan la mar".
Quienes se aventuran pasan la mar.

5. *Lo que, lo cual* son expresiones neutras de uso frecuentísimo. Se emplean para referirse a una idea o a un concepto ya expresado.

Ella está planeando un viaje en el invierno, *lo que (lo cual)* me parece bien.
Pedro llegó tarde, *lo que (lo cual)* no le gustó a la maestra.

NOTA: *Lo que* (nunca *lo cual*) se refiere a una idea o a un concepto sobrentendido o implícito (no mencionado).

Lo que me entusiasma es un día en la playa.
Lo que nos molesta es su falta de consideración.
Lo que tú deseas es hacer una excursión por el Caribe.

Lo cual se emplea menos y nunca se usa al principio de la oración. Por lo general, va precedido de frases preposicionales.

Empezó a llover, en vista de *lo cual* no jugamos al fútbol.
Se torció el tobillo a consecuencia de *lo cual* no pudo correr.

6. *Cuyo, cuyos, cuya, cuyas* se usan como adjetivos (concuerdan en género y número con el objeto poseído, no con el sujeto). Tienen carácter posesivo.

La chica, *cuyo* padre vive en Moscú, trabaja para el gobierno.
La actriz, *cuyos* ojos muestran tristeza, hará el papel de víctima.
Mi amiga, *cuya* dirección necesitas, está ahora en Sevilla.
¿Has visto el libro en *cuyas* páginas dibujamos unos payasos?
"En un lugar de la Mancha de *cuyo* nombre no quiero acordarme . . ."

NOTA: En el lenguaje popular los adverbios *como, donde, cuanto* y a veces *cuando* substituyen a los relativos.

Este es el pueblo *donde (en que)* me eduqué.
Me gusta la manera *cómo (en que)* toca el piano.
Todo *cuanto (lo que)* decía le parecía bien.
Lo conocí en el tiempo *cuando (en que)* yo era joven.

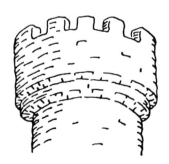

Ejercicios de comprobación

A. Escribir el pronombre relativo apropiado.

1. "_____ mal anda, mal acaba".

2. _____ _____ trabajan, ganan dinero.

3. Esa es la señorita _____ me vendió el vestido.

4. Tengo una lavadora sin la _____ no puedo existir.

5. Ella llegó antes de _____ _____ esperábamos.

6. La mesa, _____ patas no son del mismo largo, está desnivelada.

7. Vimos al sacerdote, el _____ dijo misa el domingo.

8. Las flores, _____ precio es muy elevado, son las rosas.

9. Tu hermano, _____ estaba allí, me lo dijo.

10. Los sellos, _____ dibujos son en multicolor, son valiosos.

11. Sus abuelos le enviaron un regalo, el _____ llegó con mucho retraso.

12. La lluvia, _____ gotas destruirían la cosecha, caía sobre el campo.

13. Él anunció el tema _____ iba a discutir.

14. ¿Has visto la torre _____ está inclinada?

15. El toro, _____ tenía la fuerza de un minotauro, embistió al torero.

16. El abogado, de _____ se quejaban, era una gran persona.

17. El lujo con _____ vestía atraía las miradas de todos.

18. Esta es la casa en _____ nací.

19. Todo lo _____ comía le sentaba mal.

20. El cocodrilo, _____ es un reptil temido, vive en los climas tropicales.

B. Escribir el pronombre relativo según el sentido de la oración.

1. El mecánico _____ me arregló el coche es muy responsable.

2. El empleado a _____ le di el pasaporte no está aquí.

3. Los terroristas, _____ acciones son castigadas por la ley, acabarán mal.

4. La bibliotecaria, _____ marido trabaja en la librería, ha salido ya.

5. La causa por la _____ perdió su vida no la comprendo.

6. Compra las cosas _____ necesitas para la fiesta.

7. _____ me gusta más es dormir una buena siesta.

8. Es necesario que escriban _____ deben.

9. El hotel en _____ yo pasaba mis vacaciones, ya no existe.

10. Los gitanos _____ viven en las ciudades trabajan como todo el mundo.

11. Mi amigo, a _____ hermana conoces, vive en México.

12. Estuvo aquí tu primo, a _____ le dije lo que querías.

13. La carta en la _____ me decía cuándo llegaría no la he recibido.

14. ¿Quiere Ud. decirme lo _____ hicieron ellos?

15. Vamos a hablar con _____ pueda ayudarnos.

Ejercicios de repaso

A. Escribir el interrogativo o el exclamativo apropiado.

1. ¡_____ canta aquel tenor!

2. ¿Con _____ estabas hablando cuando yo llegué?

3. ¿_____ van ellos para sus vacaciones? ¿A Italia?

4. ¿De _____ es esa bolsa? ¿De cuero?

5. ¿_____ hablan ellos? ¿Bien o mal?

6. ¿De _____ son nuestros antepasados? ¿De Cuba?

7. Yo salgo manaña para Nueva York; ¿_____ sales tú?

8. No entiendo _____ _____ no participaron ellos en el concurso.

9. No sé con _____ debo hablar, si con el estudiante o con su consejero.

10. ¿_____ días vais a estar fuera?

11. ¡_____ tiempo sin verte! ¿_____ estás, niña?

12. Mi abuelo tiene ochenta años, ¿_____ años tiene el tuyo?

13. Nosotros vamos a estudiar ahora, ¿_____ vas a hacer tú?

14. ¿_____ es la diferencia entre *pata* y *pie*?

15. ¿_____ es su número de teléfono? Quiero apuntarlo.

B. Escribir una pregunta usando un interrogativo apropiado según las palabras indicadas.

1. *Más de dos mil personas* asistieron al estreno de la película.

    ¿_____?

2. Iremos *a la costa* del Cantábrico para pasar las vacaciones.

    ¿_____?

3. El vestido nuevo de Juanita es *rojo*.

    ¿_____?

4. Nuestros primos llegarán *a las cuatro de la tarde*.

    ¿_____?

5. Su nueva dirección es *Calle de Quevedo 44, Bilbao*.

    ¿_____?

6. Nosotros le dimos las llaves *al conserje*.

    ¿_____?

7. *Unos ladrones* le quitaron el bolso.

   ¿——?

8. Van a la ópera con *sus tíos de California.*

   ¿——?

9. En Inglaterra conducen por *la izquierda de la carretera.*

   ¿——?

10. Mis vecinos hablan *portugués.*

   ¿——?

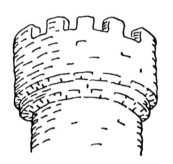

DÉCIMA LECCIÓN

LOS INDEFINIDOS Y LOS NEGATIVOS

Ejemplos

Siempre hacemos lo que debemos.
Nunca (jamás) hacemos lo que debemos.
No hacemos *nunca* lo que debemos.

Alguien entró en mi casa anoche.
Nadie entró en mi casa anoche.
No entró *nadie* en mi casa anoche.

El niño tiene *algo* en la boca.
El niño *no* tiene *nada* en la boca.

Alguno (de ellos) debe ser de Nueva York.
Ninguno de ellos es de Nueva York.

Algún muchacho lo sabrá hacer.
Ningún muchacho lo sabrá hacer.

Él lo oyó *también*.
Él *no* lo oyó *tampoco*.
Él *tampoco* lo oyó.

¿Vas al gimnasio? Sí, voy al gimnasio.
                  No, *no* voy al gimnasio.

Durante las horas libres, *o* vamos a la playa *o* vamos de compras.
Durante las horas libres *ni* vamos a la playa *ni* vamos de compras; vamos a la biblioteca.

Sus bisabuelos viven *todavía*.
Sus bisabuelos *ya no* viven.

Él gana mucho *pero* no ahorra.
Él *no* quiere ahorrar dinero *sino* gastarlo.
Él *no* ahorra dinero *sino que* lo gasta.

A él le gustan los platos españoles, *incluso* los calamares en su tinta.
A él no le gustan los platos españoles, *ni siquiera* la paella.

Tenemos *más de* veinte dólares para comprar discos.
No tenemos *más que* veinte dólares para comprarlos.

Apenas habíamos llegado, empezó a llover.

Ejercicios de reflexión

A. Escribir la oración en el negativo.

1. *Siempre* borro la pizarra.

2. *Alguien* entró en el cuarto.

3. Él sabe *mucho* de astronomía.

4. Tenemos *algunos* compañeros que son extranjeros.

5. Ella tiene *más de* diez dólares.

B. Escribir la oración en el afirmativo.

1. Uno *nunca* sabe cómo va a reaccionar la gente.

2. *Ya no* se baila el cha-cha-chá.

3. *Nunca* compramos fruta tropical.

4. *Ninguno de los estudiantes* sabe la contestación.

5. Ellos *no* van a venir *tampoco*.

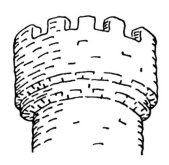

Explicación

Forma afirmativa	Forma negativa
sí	no
alguien, todo el mundo	nadie
algo, todo	nada
alguno (algún), -os, -a, -as uno(o), -os, -a, -as	ninguno (ningún), ninguna ″
cierto, -os, -a, -as cualquier cualquiera, quienquiera	″ ″ ″
siempre	nunca, jamás
también	tampoco
todavía ya aún	todavía no ya no* aún no
más de + numeral	no más que + numeral

*ya no: es el negativo de todavía.
    ¿Tienes tu bicicleta *todavía*? No, *ya no* la tengo.

Usos

Se expresa la negación colocando el adverbio *no* delante del verbo:

    No tengo dinero.

En español se puede usar el doble o triple negativo:

    Yo *no* tengo *nunca nada*.

Si uno de los negativos es *no*, la palabra *no* tiene que preceder al verbo conjugado. Si se omite *no*, el negativo se coloca siempre delante del verbo.

    No vino *nadie* ayer.
    Nadie vino ayer.
    No voy *nunca* a la playa en diciembre.
    Nunca voy a la playa en diciembre.

Fíjese en el uso del negativo en la contestación.

Yo no tengo hambre, ¿y tú?	Yo tampoco.
¿Quién va al cine?	Yo no.
¿Estás listo?	Todavía no.
¿Están ocupados?	Ahora no.
¿Te gusta el programa?	A mí, no.
¿Quién ha llamado?	Nadie.
¿Qué has hecho?	No mucho. Nada.
¿Lo volverás a hacer?	Nunca. Jamás. Nunca jamás.
¿Qué hay de nuevo?	Nada de particular.
¿Te importa mucho?	No me importa nada.
¿Qué has comido hoy?	Nada.

A. *Pronombres indefinidos y negativos*

Forma afirmativa	*Forma negativa*
alguien	nadie
algo	nada
alguno, -os, -a, -as	ninguno, ninguna
cualquiera, quienquiera	nadie, ninguno
todo	nada (cosa)
todo el mundo	nadie (persona)
	ninguno (persona)

Ejemplos

Ella vio a *alguien* en la ventana. Ella *no* vio a *nadie* en la ventana.
Él aprendió *algo* durante el año. Él *no* aprendió *nada* durante el año.
Algunos van a esquiar. *Ninguno* (de ellos) va a esquiar.
Cualquiera puede hacerlo. *Nadie* puede hacerlo.
Todo va bien. *Nada* va bien.
Todo el mundo tiene que dormir. *Nadie* tiene que dormir ahora.

B. *Adjetivos indefinidos y negativos*

Forma afirmativa	*Forma negativa*
alguno (algún), -os, -a, -as	ninguno (ningún), ninguna
cierto, -os, -a, -as	"
un, -o, -os, -a, -as	"
mucho, -os, -a, -as	"
tal, -es	"
cada	"
cualquier, -a	"
todo, -os, -a, -as	"
otro, -os, -a, -as	"

Ejemplos

¿Has visto *alguna* película de Buñuel?
 ¿No has visto *ninguna* película de Buñuel?
Algunos atletas ganaron medallas de oro.
 Ningún atleta de este colegio ganó la medalla de oro.
Es posible que él lo haga *cualquier* día.
 Es posible que no lo haga *ningún* día.
Cuando van a la playa *cada uno* lleva su merienda.
 Cuando van a la playa *ninguno* lleva su merienda.
Cualquier día serás millonario.
 Ningún día serás millonario.
Todo esfuerzo recibe recompensa.
 Ningún esfuerzo recibe recompensa.
Lo haría en *otra* ocasión.
 No lo haría en *ninguna* ocasión.

C. *Adverbios indefinidos y negativos*

Forma afirmativa	Forma negativa
ya	todavía no
todavía, aún	ya no
siempre	nunca, jamás
también	tampoco
	ni . . . tampoco
más de + numeral	no más que + numeral

Ya ha empezado la temporada de béisbol.
  Todavía no ha empezado la temporada de béisbol.
Todavía tengo que estudiar.
  Ya no tengo que estudiar.
Ella *siempre* toma té con el postre.
  Ella *nunca* toma té con el postre.
Yo como carne, y *también* pescado.
  Yo *no* como carne, *ni tampoco* pescado.
Son *más de* cuatro en su familia.
  No son *más que* cuatro en su familia.

CH. *Conjunciones negativas*

Forma afirmativa	Forma negativa
o . . . o	ni . . . ni
pero	sino (sino que)

La expresión *ni . . . ni* es el antónimo de *o . . . o*.

  Yo quiero *o* leche *o* vino. No quiero *ni* leche *ni* vino.

En el uso de las conjunciones *pero, sino* y *sino que, pero* significa *sin embargo. Sino* se emplea para expresar lo que se afirma en vez de lo que se niega anteriormente. Cuando precede a un verbo conjugado se convierte en *sino que*.

  Quiero ir *pero* no puedo. No quiero ir *pero* tengo que ir.
  Ellos no quieren cantar, *sino* jugar.
  No cerraron las ventanas, *sino que* las abrieron.

D. *Prefijos (derivados del latín) y las preposiciones que implican negación u oposición.*

Se emplean prefijos o preposiciones como *anti-, contra-, des-, dis-* e *in-* (que cambia a *im-* delante de *b* o *p*) para crear la forma negativa de algunas palabras. Por ejemplo:

Afirmativo	Negativo		Afirmativo	Negativo
comunista	anticomunista		héroe	antihéroe
simpático	antipático		patriótico	antipatriótico
acción	contracción		corriente	contracorriente
decir	contradecir		luz	contraluz
orden	contraorden		peso	contrapeso
revolución	contrarevolución		animarse	desanimarse
aparecer	desaparecer		armar	desarmar
cuidar	descuidar		hacer	deshacer
pegar	despegar		vestir	desvestir
culpa	disculpa		gusto	disgusto
borrable	imborrable		posible	imposible
capaz	incapaz		creíble	increíble
digestión	indigestión		educado	ineducado
feliz	infeliz		flexible	inflexible
frecuente	infrecuente		válido	inválido

Ejercicios de comprobación

A. Escribir el indefinido apropiado en la forma afirmativa o negativa según el sentido de la oración.

1. Anita tiene _____ en la mano pero creo que su hermana no tiene _____ en la suya.

2. _____ te ha llamado esta mañana pero _____ te llamó ayer.

3. Yo no voy _____ al museo, pero Jorge _____ va porque le encanta la pintura.

4. Aquí hay _____ papeles del maestro pero allí en su mesa no hay _____.

5. _____ político quiere enfrentarse con ese problema porque sabe que no hay _____ solución posible.

6. A veces cantamos en la clase de español pero _____ cantamos en la de matemáticas.

7. No tenemos ni sed ni _____ hambre.

8. Ella dijo que vio a alguien en la ventana, pero yo no vi a _____.

B. Cambiar de la forma afirmativa a la forma negativa.

1. *Ya* he cambiado los cheques de viajero.

_____

2. Ignacio y Rafael son hermanos; *los dos* son cariñosos.

_____

3. Iremos *o* a México *o* a Colombia.

_____

4. Hay *más de* dieciséis alumnos en esta clase.

_____

5. Bebo limonada, y *también* bebo cerveza.

_____

6. Hay *un* banco en el centro.

_____

7. *Siempre* me acuesto temprano.

_____

8. Los muchachos *sí* estudian matemáticas.

_____

9. A mí *también* me gusta esquiar.

_____

10. *Cada uno* lleva sus maletas.

_____

C. Contestar negativamente a las preguntas con la forma más breve.

1. ¿Quiénes viajan en las naves espaciales? _____

2. ¿Qué hiciste anoche? _____

3. ¿Estás preparado ya? _____

4. A mí no me gusta este programa, ¿y a ti? _____

5. ¿Quién ha venido? _____

6. ¿Comes comida china algunas veces? _____

7. ¿Lo diseñaste tú? _____

8. ¿Volverás a llegar tarde? _____

9. No voy al cine mañana, ¿y tú? _____

10. ¿Has terminado ya este ejercicio? _____

CH. Escribir lo opuesto que se expresa en las oraciones a continuación.

Modelo: Yo *siempre* llego temprano.
Yo nunca llego temprano.

1. Venden *toda* clase de fruta en el mercado.

_____

2. *No* vino *nadie* a la exposición de mis cuadros.

_____

3. *No* hay *nadie* aquí que sepa hablar sueco.

_____

4. La catedral tiene *una* vidriera gótica.

_____

5. *No* han decubierto *todavía ninguna* ciudad sumergida.

_____

6. Queremos *o* ir al teatro *o* escuchar la música.

_____

7. Ella *ya* sabe montar a caballo.

_____

8. *Siempre* escribo mis deberes por la noche.

_____

9. *Jamás* he ganado la lotería.

_____

10. *Todo el mundo* debe de ser generoso con el prójimo.

_____

11. Me lo contó *alguien* en el vestuario del gimnasio.

_____

12. Ellos *o* juegan al tenis *o* al jai alai.

_____

13. Recibimos *algunas* cartas de Australia.

_____

14. *No* pudimos contestar a *ninguna* pregunta.

_____

15. ¿Conoces a *alguien* que hable quechua?

_____

D. Escribir la forma negativa de los verbos, adjetivos y substantivos a continuación.

1. creíble	_____	9. hacer	_____
2. educado	_____	10. feliz	_____
3. cuidar	_____	11. válido	_____
4. decir	_____	12. frecuente	_____
5. luz	_____	13. flexible	_____
6. capaz	_____	14. animarse	_____
7. héroe	_____	15. comunista	_____
8. útil	_____	16. correcto	_____

Ejercicios de repaso

A. Completar con los pronombres relativos según el contexto.

El Día de los Reyes

En diferentes países, en _____ predomina la religión cristiana, se celebra la llegada de los tres reyes magos. Esta tradición, _____ origen está basado en el evangelio, ha sido siempre muy popular entre niños y adultos. Estos tres reyes, _____ nombres son: Melchor, Gaspar y Baltazar, fueron _____ trajeron ofrendas al niño Jesús, en Belén. La fecha en _____ llegaron al pesebre se calcula doce días después de Navidad, o sea el 6 de enero. Algunas familias suelen festejar en esa fecha y las familias _____ yo conozco tienen diferentes costumbres. En algunas familias,

en _____ hay niños pequeños, se compran regalos. En la noche del 5 de enero, _____ es

la víspera de la llegada de los reyes, cada uno pone un zapato al lado de la chimenea en la espera de

la llegada de los reyes. Estos reyes vienen montados en camellos y frecuentemente cada hogar les deja

una copa de jerez a cada rey (la que siempre se toman), y paja o un cubo de agua para los camellos. En

otras familias, cada rey trae un regalo especial para el niño o el adulto _____ ha escogido. Por

ejemplo, _____ me ha traído siempre a mí un regalo, ha sido el rey Melchor. En la edad

adulta, _____ más agrada es un regalo simbólico o práctico, por ejemplo, un libro, un cheque

o unas entradas para el teatro. En ciertas familias se celebra esta fecha comiendo un pastel dentro

de _____ hay un pequeño objeto. La persona a _____ le toque el objeto, es entonces

el rey o la reina de la fiesta. Existen muchas otras tradiciones _____ conmemoran la fecha de la

llegada de los reyes magos. ¿Conoce Ud. alguna?

B. Completar con los pronombres relativos según el contexto.

El Camino de Santiago de Compostela

Muchas personas de hoy, _____ se encuentran cansadas de los típicos viajes veraniegos,

optan por hacer viajes _____ resultados sean más satisfactorios espiritualmente. El recorrer el

Camino de Santiago de Compostela es uno de esos viajes preferidos. Esta peregrinación, _____

atraviesa el norte de España y lleva a la ciudad santa en Galicia, tiene su origen en los tiempos medievales.

En aquella época, _____ hacían el viaje eran los creyentes _____ venían de todas partes

de Europa. _____ hacen el viaje hoy, también de varios lugares distintos, se quedan maravillados

por la belleza de los pueblos _____ iglesias son una de las mejores muestras del arte románico europeo.

Los peregrinos modernos, con _____ se comparte la experiencia, hacen el viaje por motivos

variados y a veces muy personales. _____ añade una dimensión extra a la experiencia es la

variedad de edades de los participantes. Algunos son muy jóvenes, otros de mediana edad e incluso

hay _____ son de la tercera edad. A pesar de la motivación o la edad, _____ todos

dicen es _____ tal peregrinación merece el esfuerzo y el tiempo que exige.

Para muchos el recibir la "compostelana" al final del trayecto representa una victoria personal. Para

otros el encontrarse en la catedral, dentro de _____ se respira un aire de gran trascendencia,

supone la culminación de sus aspiraciones espirituales. ¿A quién le gustaría participar con _____

piensan emprender tal viaje el próximo año?

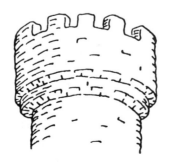

LECCIÓN ONCE

LOS ADJETIVOS, LOS ADVERBIOS, LOS COMPARATIVOS Y LOS SUPERLATIVOS

I. Adjetivos

Ejemplos

varios hombres *valientes*
una mujer *inteligente*
un *buen* trabajo
unos *buenos* amigos
un *nuevo* coche *americano*
un *buen* obrero *responsable*
un hombre *guapo* e *inteligente*
tres árboles *frondosos*
la *blanca* nieve
el espacio *infinito*
las *pésimas* notas *trimestrales*
un *excelente* negocio *lucrativo*
un *gran* caballo *veloz*
Es *buena* gente.
el profesor con su *santa* paciencia
un cantante *popular* y *cursi*
una niña *majadera* y *llorona*
Un hombre *pobre* me pide *diez* centavos.
Un *pobre* hombre me causa pena.
estas ciudades *contaminadas*
La comida es francamente *buena*.
Los *antiguos* alumnos contribuyen con donaciones a los colegios.

Ejercicio de reflexión

Escribir la forma apropiada del adjetivo.

1. una _____ (viejo) costumbre _____ (español)

2. una mujer _____ (interesante)

3. ciudades _____ (alemán)

4. una niña _____ (encantador)

5. un _____ (grande) escritor _____ (conocido)

6. comedias _____ (divertido)

7. unos estudiantes _____ (aplicado)

8. el agua _____ (frío)

9. unas ideas _____ (difícil)

10. una preocupación _____ (persistente)

Formación

El adjetivo concuerda en género y número con el substantivo que modifica.

La forma femenina se forma cambiando la -o a -a.

indeciso	– indecisa
sucio	– sucia
callado	– callada
complicado	– complicada

Los adjetivos que terminan en -e o en *consonante* son invariables; sirven para el masculino y el femenino.

un muchacho feliz	un abrigo azul	un viento tropical
una muchacha feliz	una corbata azul	una zona tropical
un amigo fiel	un vestido verde	un chico canadiense
una amiga fiel	una blusa verde	una chica canadiense
un hermano menor	un balcón interior	
una hermana menor	una habitación interior	

Excepciones:

A los adjetivos que terminan en -or, -ón, -án, -ín se les añade una *a* para formar el femenino.

hablador	– habladora	conservador	– conservadora
empollón	– empollona	picarón	– picarona
holgazán	– holgazana	haragán	– haragana
chiquitín	– chiquitina	monín	– monina

Los adjetivos de nacionalidad que terminan en consonante añaden una *a* para formar el femenino.

portugués	– portuguesa	español	– española
alemán	– alemana	japonés	– japonesa

Hay algunos adjetivos que sirven para ambos géneros.

azteca	el calendario azteca, la civilización azteca
alerta	un alumno alerta, una alumna alerta
belga	el encaje belga, la ciudad belga
marroquí	el paisaje marroquí, la comida marroquí
maya	el indio maya, la pirámide maya

Usos

1. Los adjetivos son calificativos (descriptivos) o determinativos.

   a. Los adjetivos calificativos (descriptivos) se colocan normalmente después del substantivo.

un día largo	un paisaje pintoresco
una dama alta	la música moderna

A veces preceden al substantivo cuando el adjetivo expresa una calidad inherente, o por razones de estilística (especialmente en poesía).

la blanca nieve	los verdes campos
la dulce miel	el azul cielo
las fuertes olas	las cristalinas aguas

b. Los adjetivos determinativos normalmente se colocan delante del substantivo.

números	*un* libro; el *primer* día; *cien* soldados
otro, -os, -a, -as	*Otro* día iremos a la sierra.
cierto, -os, -a, -as	*Ciertas* personas no tienen que trabajar.
mucho, -os, -a, -as	Hay *mucho* ruido en la cocina.
poco, -os, -a, -as	Ella tiene *poca* paciencia.
tal, -es	No creemos *tal* historia.
alguno (algún), -os, -a, -as	*Algunas* personas están enfadadas con él.
ninguno (ningún), ninguna	*Ningún* muchacho ha traído su cuaderno.
peor, -es	El lunes es el *peor* día de la semana.
mejor, -es	Su *mejor* amigo vive al lado.

Hay adjetivos que cambian su significado según su posición.

un *viejo* colega (conocido desde hace tiempo)	un colega *viejo* (edad)
un *gran* negocio (importante)	un negocio *grande* (tamaño)
una *gran* catedral (famosa)	una catedral *grande* (tamaño)
un *gran* hotel (selecto)	un hotel *grande* (tiene muchas habitaciones)
un *pobre* hombre (desgraciado)	un hombre *pobre* (no tiene dinero)
las *diferentes* ideas (varias)	las ideas *diferentes* (no son iguales)
cierta declaración (indefinido)	una declaración *cierta* (exacta, segura)
un *nuevo* coche (otro)	un coche *nuevo* (moderno)
una *sola* muchacha (única)	una muchacha *sola* (solitaria)
el *mismo* hombre (misma persona)	el hombre *mismo* (él solo)
una *simple* idea (sencilla)	una idea *simple* (tonta)

2. El apócope

a. Algunos adjetivos pierden la *o* final cuando preceden al substantivo masculino singular.

uno	un señor	bueno	buen ejemplo
primero	primer beso	malo	mal momento
tercero	tercer día	alguno	algún evento
postrero	postrer mes	ninguno	ningún elemento

NOTA: veintiuno   veintiún tomates

b. Otros adjetivos que cambian su forma según su uso:

Grande pierde la sílaba *de* y significa importante o famoso.

grande   gran filósofo

Ciento pierde la sílaba *to* cuando precede al substantivo masculino o femenino.

ciento   cien muchachas

Santo pierde la sílaba *to* cuando precede a los substantivos masculinos excepto los que comienzan con *Do* o *To*.

San Rafael	Santo Tomé	Santo Tomás
San Agustín	Santo Domingo	Santa Barbara
San Antonio	Santo Toribio	Santa Catalina

NOTA: La forma *Santa* es invariable. Santa Margarita, Santa Cecilia, Santa Teresa, Santa Rosa de Lima.

Cualquiera pierde la *a* final cuando precede al substantivo masculino o femenino.

cualquier estudiante	un estudiante cualquiera
cualquier actor	un actor cualquiera
cualquier actriz	una actriz cualquiera

3. Uso de dos o más adjetivos

Cuando dos o más adjetivos modifican a un substantivo, uno puede precederlo y el otro puede seguirlo. El que precede es el adjetivo en el cual se pone más énfasis.

un viejo castillo moro
una encantadora muchacha rubia
una gran universidad moderna

A veces los adjetivos se colocan detrás del substantivo, unidos con la conjunción *y* o separados por una coma.

la ventana estrecha y luminosa
una torre alta y majestuosa
el desierto árido, seco, interminable

4. Adjetivo como substantivo

El adjetivo acompañado del artículo definido se emplea como substantivo.

El viejo tiene mucha suerte.
Los jóvenes disfrutan de las vacaciones.
Los perezosos no tendrán éxito.
Las feministas piden igualdad de salario.

5. El neutro

El adjetivo masculino con el artículo neutro *lo* se convierte en substantivo abstracto. Se usa como sujeto.

Lo inútil es tratar de razonar con fanáticos.
Lo fantástico es llegar a la luna.
Lo eficaz es repasar el nuevo vocabulario cada día.
No hagas solamente *lo práctico*.

Ejercicios de comprobación

A. Escribir la forma apropiada del adjetivo entre paréntesis.

1. _____ (ciento) páginas

2. _____ (alguno) día

3. _____ (quinientos veintiuno) pesetas

4. _____ (Santo) Pedro

5. _____ (medio) hora

6. el _____ (tercero) capítulo

7. mis _____ (mejor) amigas

8. un libro _____ (cualquiera)

9. unas familias _____ (canadiense)

10. _____ (cualquiera) noche

11. _____ (tal) asuntos

12. unas notas _____ (mediocre)

13. una calidad _____ (inferior)

14. unos ejercicios _____ (genial)

15. unos edificios _____ (grande)

B. Escribir la forma correcta de los adjetivos y colocarlos en el lugar apropiado.

1. países (cierto, subdesarrollado) _____

2. el capítulo (tercero, gramatical) _____

3. huracán (uno, terrible, desastroso) _____

4. tardes (mucho, largo, caluroso) _____

5. socios (otro, fiel, dedicado) _____

6. médicas (alguno, inglés) _____

7. cosas (poco, interesante) _____

8. La Guerra (Segundo, Mundial) ______
9. cacique (ninguno, azteca) ______
10. mujeres (un, iraní) ______
11. rimas (tal, sonoro) ______
12. páginas (ciento, seleccionado) ______
13. la comida (último, ligero) ______
14. soluciones (varios, comprensible, sencillo) ______

______

15. persona (cada, conservador) ______

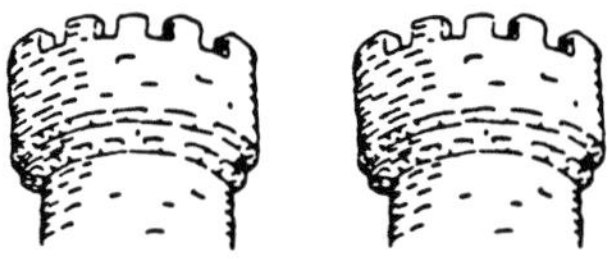

II. Adverbios

Ejemplos

La viejecita regresa *lentamente* a su casa.
El soldado cumple *fielmente* las órdenes.
Juan Luis habla *perfectamente* el inglés.
Después de haber jugado al tenis, Ángel está *muy* cansado.
Ayer me encontré con Paco.
¿*Ya* has terminado tu trabajo?
¿Cómo resultó el viaje? *Bastante bien.*
Normalmente lo hacemos de esta manera.
El aceptó la invitación *sumamente* gustoso.
Ella ha vivido *allí* toda su vida.
¿Vendrán ellos *luego*?
Nos levantamos *temprano* durante el invierno.
Los compramos *aquí.*
La oficina de correos está *allí enfrente.*
Él come *arriba* y yo como *abajo.*
¡Niño, ven *acá*!
¡Vayan *allá,* que los espera papá!
Él habla *muy bien,* pero yo hablo *muy mal.*
He comido *demasiado;* ¡qué banquete!
Él es *poco* cortés.

Escribir el adverbio apropiado.

1. Nosotros estudiamos _____, no allí.

2. Hay muy pocos árboles allí _____ en las montañas, pero aquí abajo hay muchos.

3. Anoche me acosté _____ y ahora tengo mucho sueño.

4. Alicia estudia mucho, pero Luisa, al contrario, estudia _____.

5. La niña sube la escalera rápidamente mientras su abuela la sube _____.

6. Ayer compré esta bicicleta, pero la voy a vender _____ al mediodía.

Formación

El adverbio modifica al verbo, un adjetivo u otro adverbio.
Normalmente los adjetivos que terminan en -o forman el adverbio añadiendo -mente a la forma femenina.

Adjetivo	Adverbio
cómodo	cómodamente
franco	francamente
rápido	rápidamente
curioso	curiosamente
malo	malamente

Los adjetivos que terminan en -e o en consonante añaden la terminación -mente.

Adjetivo	Adverbio
feliz	felizmente
natural	naturalmente
paciente	pacientemente
cortés	cortésmente

NOTA: Delante de los participios pasados, recientemente se transforma en recién:

el recién nacido
la recién llegada
los recién graduados

Cuando se usan varios adverbios que terminan en -mente, sólo lleva la terminación -mente el último; los demás llevan la forma femenina.

El bailarín baila artística y elegantemente.
El ladrón entró en la casa rápida y silenciosamente.

Explicación

Fíjese en los diferentes tipos de adverbio:
1. Adverbios de modo: contestan a la pregunta *¿Cómo?*
2. Adverbios de lugar: contestan a la pregunta *¿Dónde?*
3. Adverbios de tiempo: contestan a la pregunta *¿Cuándo?*
4. Adverbios de cantidad: contestan a la pregunta *¿Cuánto?*
5. Adverbios de afirmación, de negación, de duda y de orden.

Usos

1. Adverbios de modo contestan a la pregunta *¿Cómo?*

bien	regular	rápidamente
mal	tan	felizmente
mejor	más	abiertamente
peor	menos	

El coche funciona *mal*.
El niño me contestó *cortésmente*.
Se vistió *elegantemente*.
Está *peor* ahora.
Ella vive *mejor* que yo.
Siempre conduzco con cuidado.

2. Adverbios de lugar contestan a la pregunta *¿Dónde?*

aquí:	en este lugar
acá:	en este lugar, impreciso (a veces empleado con el verbo *venir*)
ahí:	en ese lugar específico o impreciso
allí:	en aquel lugar específico
allá:	en aquel lugar impreciso (a veces empleado con verbos de movimiento)

cerca	≠	lejos	enfrente	≠	detrás
arriba	≠	abajo	delante	≠	detrás
afuera	≠	adentro	encima	≠	debajo
junto	≠	aparte			

Los estudiantes juegan al "frisbee" *afuera*.
Aquí se habla español.
El laboratorio de idiomas está *arriba* y las oficinas están *abajo*.

3. Adverbios de tiempo contestan a la pregunta *¿Cuándo?*

hoy	entonces	apenas
ayer	luego	ya
anteayer	tarde	aún
mañana	temprano	todavía
ahora	siempre	cuando
anoche	nunca	mientras
antes	pronto	
después	jamás	

No he visto a mi amigo *apenas*. (Casi no he visto a mi amigo).
Ayer fui a pasear por el campo.
Vamos a salir *pronto* para las islas Canarias.

4. Adverbios de cantidad contestan a la pregunta ¿*Cuánto?*

bastante	cuanto	menos	muy	nada
demasiado	mucho	sumo	tan	algo
tanto	más	casi	poco	

"No nado *nada* porque no traje traje".
Me gustan *mucho* los zapatos de piel.
Ella se viste *bastante* bien.
El chico es *poco* inteligente.

5. Adverbios de afirmación, de negación, de duda y de orden.

a. *de afirmación:* sí, cierto, también, ciertamente, claro
Es *cierto* que ella es monja.
Ellos *también* reciben ayuda del gobierno.

b. *de negación:* no, nunca, ni, tampoco, jamás
No como *nunca* langosta.
Él *no* ha ido *jamás* a Siberia.

c. *de duda:* quizá(s), acaso, tal vez
Quizá(s) venga a dar un discurso.
¿*Acaso* sepa ella la contestación?

ch. *de orden (y de tiempo):* primeramente, sucesivamente, últimamente, antes, después
Últimamente ha hecho mucho frío.
Él estudió un rato y *después* escribió unas cartas.

6. Frases adverbiales

de nuevo	en fin	a menudo	a escondidas	por poco
de pronto	en el acto	a lo loco	a traición	tal vez
en seguida	en resumen	a ciegas		

Tal vez sea elegido el candidato.
En el aeropuerto hay un servicio de fotografías instantáneas que las revelan *en el acto.*
Llamé a la ambulancia y vino *en seguida.*
Él se casó *a ciegas.*
Ellos tomaron el vino *a escondidas.*
Ud. va a la ópera *a menudo.*

7. Las preposiciones *con, en* y *por* + el nombre (substantivo), y la expresión *de manera* o *de modo* + el adjetivo, se emplean también como adverbios.

por instinto	– instintivamente	en silencio	– silenciosamente
con cuidado	– cuidadosamente	con cariño	– cariñosamente
con franqueza	– francamente	con frecuencia	– frecuentemente

El joven de Mérida contestó *cortésmente.*
El joven de Mérida contestó *de manera cortés.*
El joven de Mérida contestó *con cortesía.*

Los asistentes a la asamblea escuchan *en silencio.*
Los asistentes a la asamblea escuchan *silenciosamente.*
Los asistentes a la asamblea escuchan *de manera silenciosa.*

Ella obra siempre *por instinto.*
Ella obra siempre *instintivamente.*
Ella obra siempre *de manera instintiva.*

Algunos estudiantes trabajan *abúlicamente.* (con falta de voluntad)
Algunos estudiantes trabajan *de manera abúlica.*
Algunos estudiantes trabajan *con abulia.*

8. *Lo* + adverbio de cantidad = substantivo

Lo más que puede pasar es...
Lo poco que me divertí...
Lo mucho que disfruté en el viaje...

9. Colocación del adverbio

El adverbio suele ir después del verbo o delante de un adjetivo.

Comí *mucho* en el restaurante.
Esa obra de teatro es *muy* buena.
El anciano está *bastante* enfermo.
Ellos escucharon *atentamente.*

Los adverbios de duda preceden al verbo.

Quizá(s) venga mañana.
Acaso terminemos pronto.
Probablemente llueva.

Ejercicios de comprobación

A. Escribir el adverbio de los adjetivos a continuación.

1. general _____   6. feroz _____

2. curiosos _____   7. sigilosa _____

3. excelentes _____   8. alegres _____

4. afortunadas _____   9. rápido _____

5. impacientes _____   10. orgullosos _____

B. Escribir una frase adverbial.

Modelo: frecuentemente   con frecuencia

1. cuidadosamente _____

2. abúlicamente _____

3. tristemente _____

4. violentamente _____

5. francamente _____

6. cortésmente _____

7. cariñosamente _____

8. alegremente _____

9. profundamente _____

10. felizmente _____

C. Escribir la forma apropiada del adverbio usando el adjetivo entre paréntesis.

1. Ella habla clara y _____ (correcto).

2. El político nos saludó _____ (cortés).

3. Los niños jugaban _____ en el parque (alegre).

4. Los estudiantes de español no hablan tan _____ como su profesora (rápido).

5. Nuestra amiga canta bien y _____ (fácil).

6. Ella lloraba _____ y ruidosamente (amargo).

III. Comparativos

Iñigo es *tan* guapo *como* Borja.
Marta canta *tan* bien *como* María del Carmen.
El perro pastor alemán es *más* grande *que* el chihuahua pero el perro danés es el más grande de todos.
Clara es *más* dinámica *que* Elena pero Cristina es la más dinámica de todas.
Él come *tanto como* yo.
Margarita tiene *tantos* admiradores *como* una actriz de cine.
Mi profesor es *menos* exigente *que* el tuyo, pero el de ella es el menos exigente de todos.

Ejercicio de reflexión

Escribir oraciones gramaticalmente correctas usando los comparativos *más que* o *menos que* según el sentido de las palabras.

1. Las palmas / ser / alto / los olivos.

_____

2. Las casas / humilde / tener / pisos / los rascacielos.

_____

3. Antonio / ser / alto / hermanito / Luisito.

_____

4. El verano / ser / caluroso / invierno.

_____

5. La madera / ser / duro / el acero.

_____

6. El plomo / ser / pesado / la pluma.

_____

7. Nosotros / comer / carne / pescado.

_____

Explicación

Las comparaciones son de desigualdad o de igualdad.

A. *Comparación de desigualdad (superioridad o inferioridad)*

1. Comparación de superioridad (+):

| más | + | substantivo adjetivo adverbio | + | que |

Hay *más* chicas *que* chicos en esta clase.
José es *más* inteligente *que* Rafael.
Ella come *más* rápidamente *que* su hermano.

2. Comparación de inferioridad (−):

menos	+	substantivo	+	que
		adjetivo		
		adverbio		

Hay *menos* días en febrero *que* en marzo.
El ciclismo es *menos* popular en los EE.UU. *que* en Europa.
Él lo hace *menos* cuidadosamente *que* ella.

Adjetivos y adverbios irregulares en la forma comparativa:

Adjetivo	*Forma comparativa*
bueno	mejor
malo	peor
pequeño (tamaño)	menor
joven (edad)	menor
grande (tamaño)	mayor
viejo (edad)	mayor

Adverbio	*Forma comparativa*
bien	mejor
mal	peor

Sus notas son *buenas* pero las de Susana son *mejores*.
Paco juega *mejor* que yo.
El fumar es *malo* pero el beber es *peor* según las estadísticas.

NOTA: Generalmente los adjetivos comparativos *mejor* y *peor* preceden al substantivo; *mayor* y *menor* lo siguen:

Mi mejor amigo...	Su hermana mayor...
El peor resultado...	Nuestro hijo menor...

NOTA: Otras expresiones usadas para expresar comparación son:

lo mismo que	inferior a
igual que	superior a
de la misma manera	semejante a
del mismo modo	parecido a
anterior a	
posterior a	

Él habla *igual que* yo. (con el mismo acento)
La fecha de la fundación de ese colegio es *posterior a* la de éste.
El clima de esta región es *semejante al* del norte de España.
El niño tiene un carácter muy *parecido al* de su padre.

B. *Comparación de igualdad (=):*

tan	+ adjetivo + adverbio + como
tanto, -os, -a, -as	+ substantivo

Él es *tan* inteligente *como* su hermana.
Nuestro equipo juega *tan* bien *como* el de ellos.
Yo tengo *tanto* dinero *como* tú.
Esta receta necesita *tanta* harina *como* azúcar.
Tu casa tiene *tantas* puertas *como* la nuestra.

NOTA: Tanto como se usa después de un verbo para expresar una cantidad indefinida.

Yo leo *tanto como* tú.
Ella aprende *tanto como* él.
"Tanto monta, monta *tanto* Isabel *como* Fernando".

Ejercicios de comprobación

A. Escribir un comparativo de desigualdad según los símbolos + (más) o − (menos).

1. Él es tan simpático como su hermana. (−)

_____

2. Tú bailas tan bien como José. (+)

_____

3. El profesor tiene tantos años como mi padre. (+)

_____

4. Rosa tiene tantas amigas como su prima. (−)

_____

5. Este coche es tan bueno como el mío. (+)

_____

6. Esos jóvenes tienen que trabajar tanto como nosotros. (−)

_____

7. Aquel señor tiene tanto dinero como su padre. (+)

_____

8. Ayer hacía mucho calor y yo tomé tantos refrescos como tú. (+)

_____

9. Yo comí tantas fresas como mi compañero. (−)

_____

10. Él es tan liberal como yo. (−)

_____

B. Escribir un comparativo de igualdad. (=)

1. Un abogado habla más que un médico.

_____

2. Mi madre compra más ropa que yo.

_____

3. ¿Quién habla mejor que ese político?

_____

4. El palacio del conde tiene más habitaciones que este hotel.

_____

5. En algunos países Cervantes es más famoso que Shakespeare.

_____

6. ¿Habrá más santas que santos?

_____

7. Ese pobre perro tiene más hambre que cualquier mendigo.

_____

8. Nadie puede ser peor que ese bandido.

_____

9. Este arquitecto construyó más museos que los otros.

_____

10. ¿Es tu padre más bajo que tú?

_____

IV. Superlativos

Hay dos clases de superlativos: el superlativo relativo y el superlativo absoluto.

A. *El superlativo relativo* expresa la cualidad de grado superior con relación a otras cosas o personas.

El artículo *el, los, la* o *las* precede al comparativo *más* o *menos*.
En el superlativo la conjunción *que* de la forma comparativa se substituye por la preposición *de*.

El avión supersónico es *el más* rápido *de* todos los aviones.
Los huracanes del Caribe son *los más* destructivos *de* este hemisferio.
La Ciudad de México es la ciudad *más poblada de* América.
El flamenco es el baile *más típico de* España.
El mosquito es el insecto *menos querido de* todos.

B. *El superlativo absoluto* expresa la cualidad en su grado máximo. Se forma sustituyendo la terminación del adjetivo por *-ísimo (-a, -os, -as)*. Los adjetivos o adverbios que terminan en *-co* cambian la *c* por *qu*. Los que terminan en *-ble* cambian la terminación *-le* por *-ilísimo (-a, -os, -as)*.

Esa actriz es *guapísima*.
Ese payaso es *comiquísimo*.
El Aconcagua es *altísimo*.
El flan es *riquísimo*.
La bibliotecaria es una señora *amabilísima*.
Él está *malísimo*.
Se acostó *tardísimo*.

NOTA: Otra manera de expresar el superlativo en lenguaje popular es con el uso del prefijo *re-, rete-* o *requete-*.

Ese arroz es *requetebueno*.
Es una muchacha *requetepesada*.
Este pollo está *retebueno*.
Está *rechula*. (uso mexicano)

| Ejercicios de comprobación |

A. Escribir el superlativo absoluto.

1. bueno _____

2. guapo _____

3. amable _____

4. mucho _____

5. rico _____

6. feliz _____

7. simple _____

8. mal _____

9. pronto _____

10. cerca _____

B. Escribir una oración con el superlativo relativo.

Modelo: física / curso / difícil / universidad.
La física es el curso más difícil de la universidad.

1. lectura / difícil / libro.

_____

2. fiesta / divertido / año.

_____

3. verano / estación / bueno / año.

_____

4. julio / mes / caluroso.

_____

5. cuadro / famoso / museo.

_____

6. fútbol / deporte / popular / país.

_____

Ejercicios de repaso

A. Escribir el superlativo absoluto.

1. fácil _____ 6. lento _____
2. malo _____ 7. poco _____
3. responsable _____ 8. grande _____
4. interesante _____ 9. pequeño _____
5. fresco _____ 10. frecuente _____

B. Escribir una oración comparativa según el sujeto indicado.

1. El invierno en Suecia es extremado. El invierno en Finlandia es extremado también.

El invierno en Suecia _____

2. Ellos escribieron cuatro ensayos. Nosotros escribimos dos.

Nosotros _____

3. Mi madre tiene cuarenta años. Mi padre tiene cuarenta y cinco años.

Mi madre _____

4. Ella canta bien. Yo canto mal.

Yo canto _____

5. El zorro corre rápidamente. El leopardo corre rápidamente.

El zorro _____

6. Mi sobrino tiene dieciocho años. Mi sobrina tiene dieciséis años.

Mi sobrina es _____

7. Los ingenieros ganan mucho. Algunos fontaneros ganan mucho también.

Algunos fontaneros _____

8. Este edificio es alto. La catedral es alta también.

Este edificio _____

9. Los diamantes valen mucho. Las perlas no valen tanto.

Las perlas _____

10. La langosta es cara. Los mejillones son baratos.

Los mejillones _____

11. El pollo asado es sabroso. El solomillo es sabroso también.

El pollo _____

12. Cuesta mucho viajar en avión. No cuesta mucho viajar en autobús.

Viajar en autobús _____

C. Cambiar la oración a la forma negativa.

1. *Siempre* preparan el pollo con vino blanco.

_____

2. *O* José *o* Miguel pasarán por aquí.

_____

3. *Algo* interesante va a ocurrir en la Plaza Mayor.

_____

4. *Alguien* está tocando las campanas de la torre.

_____

5. Ellos *todavía* tienen su perro pastor alemán.

_____

6. Vieron *algunas* películas el verano pasado.

_____

7. *Sí*, recibimos buenas notas en los exámenes.

_____

8. Trajo *algún* tipo de fruta en la cesta.

_____

9. Ahora hay *más de* treinta mil habitantes en nuestra ciudad.

_____

10. Los profesores *también* asistieron a la reunión.

_____

CH. Escribir el pronombre o adjetivo indefinido afirmativo o negativo según el sentido de la oración.

1. ¿Ves algo? No, no veo _____.

2. ¿Hay alguien en la oficina? No, no hay _____ en la oficina.

3. ¿Han escrito Uds. a algunos de los músicos? No, no hemos escrito a _____ de ellos.

4. ¿Escribiste todas las cartas? No, no he escrito _____.

5. ¿Siempre estudia Ud. en este cuarto? No, _____ estudio en este cuarto.

6. ¿Cuál de estos relojes prefiere Ud. llevar? No me importa; déme _____.

7. ¿Está mamá algo triste? No, no está _____ triste.

8. ¿Cuál prefieres, el rojo o el verde? No prefiero _____ el rojo

_____ el verde.

9. ¿Quieren Uds. que nos vayamos también? No, no queremos que Uds. se vayan _____.

10. ¿Ha estado el general alguna vez en este pueblo? No, el general no ha estado _____

este pueblo.

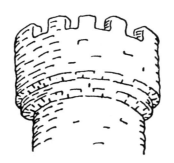

LECCIÓN DOCE

LAS PREPOSICIONES Y LAS CONJUNCIONES

I. Preposiciones

Ejemplos

Veo *a* Pedro.
Escucho *a* Luisa.
Esta bicicleta *de* carreras es *de* él.
Estamos *en* Miami, *en* la Florida; mañana salimos *para* Tejas y luego iremos *a* California.
Él tiene que ir *ante* el director *del* colegio.
Nos paseamos *por* las calles antiguas *de* Lima.
Ella vuelve *a* su casa *para* pasar las vacaciones.
Nos quedamos *en* la discoteca *hasta* las tres *de* la madrugada, pero hoy estaremos *en* la residencia.
La estudiante *de* pelo rubio respondió correctamente *a* la pregunta.
Me mira *con* mala cara.
¿Piensan hacer el viaje *en* bicicleta, *en* carro, *en* avión o *en* tren?
Hizo el viaje *desde* Valladolid *hasta* Madrid en tres horas.

Ejercicio de reflexión

Escribir la preposición apropiada según el sentido de la oración. Formar la contracción si es necesario.

1. No conozco _____ esa muchacha.

2. Aprendemos mucho _____ la clase _____ inglés.

3. El joven se enamoró _____ una bailarina.

4. Siéntese Ud. _____ esta silla.

5. Todos soñamos _____ ser muy ricos algún día.

6. Ella vive en una casa _____ piedra.

7. Nos gusta jugar _____ tenis.

8. Este fin _____ semana vamos _____ partido _____ béisbol.

9. Leo revistas en español _____ aprender algo de la vida española.

10. El cartero tiene una carta _____ ti.

11. Pagué veinte dólares _____ un par de pantalones.

12. Él me vendió su coche _____ mil dólares.

13. Mi padre estará _____ casa esta noche a las seis.

14. Chicago está _____ Nueva York y San Francisco.

15. Los molinos de viento se convirtieron _____ gigantes.

Explicación

La preposición es la parte invariable de la oración que sirve para unir palabras y establecer la relación entre ellas. Cada una de las preposiciones no expresa sólo una relación, sino varias. Las preposiciones más usadas son:

a	con	desde	hacia	por	sobre
ante	contra	en	hasta	según	tras
bajo	de	entre	para	sin	

Usos

1. La preposición *a* expresa:

movimiento:	Vamos *a* Sacramento.
situación:	Está *a* la entrada del pueblo.
tiempo:	Nos veremos *a* las ocho.
modo:	Estos artículos están hechos *a* mano.
	Vamos *a* pie.

   NOTA: Se usa con complemento directo de persona:
   He visto *a* Carlos.
   Escuchamos *a* la maestra.

2. La preposición *de* expresa:

posesión:	La camisa *de* Margarita es cara.
pertenencia:	La mesa *del* profesor es grande.
material:	El vaso *de* plástico y el reloj *de* oro están aquí.
origen:	Soy *de* Arizona.
causa:	Sufrimos *del* calor.
modo:	Cayó *de* frente.
tiempo:	Estudiamos *de* noche.

3. La preposición *en* expresa:

lugar en el tiempo:	Estamos *en* verano.
lugar en el espacio:	Estoy *en* casa.
modo:	Hablo *en* serio.
	Vamos *en* bicicleta.

4. La preposición *hasta* expresa:

lugar:	El cohete llegó *hasta* la luna.
acción:	No hay que beber *hasta* emborracharse.
tiempo:	Adiós, *hasta* mañana.
	Hasta la próxima.

5. La preposición *para* expresa:

propósito:	Estudiamos *para* aprender.
destino (lugar):	Salieron *para* Australia el jueves pasado.
destino (persona):	Los bombones son *para* el niño.
límite de tiempo:	La tarea es *para* mañana.
comparación:	*Para* una niña de cinco años, sabe mucho.
opinión:	*Para* mí, sus ideas no son válidas.

6. La preposición *por* expresa:

motivo:	Le premiaron *por* haber sobresalido en los estudios.
duración de tiempo:	Estudiaron *por* tres horas sin parar.
a través de:	Paseamos *por* el parque.
a lo largo de:	Anduvieron *por* la playa.
medio:	Llamó *por* teléfono.
verbo + motivo:	Salieron *por* el periódico.
substitución:	Yo trabajé *por* mi hermano porque él estaba enfermo.
cambio, medida:	Me dio diez dólares *por* los discos.
	Tenemos que viajar a cincuenta y cinco millas *por* hora para llegar a tiempo.
a favor de:	Luchó *por* sus ideales.
acción no terminada:	Nos quedan dos lecciones *por* terminar.
la voz pasiva:	El libro fue escrito *por* Gabriel García Márquez.

Algunas frases prepositivas que se usan como preposiciones:

encima de	en dirección a	a través de
junto a	alrededor de	más allá de
detrás de	al final de	por medio de
delante de	debajo de	después de

Comparar los usos de:

bajo y *debajo de*

El soldado está *bajo* el mando del capitán.　　　Nos sentamos *debajo del* árbol.
El país se arruinó *bajo* la dictadura.　　　El cuarto piso está *debajo del* quinto.

ante y *delante de*

El estudiante tuvo que ir *ante* el director.　　　*Delante de* correos hay buzones.
Los católicos se arrodillan *ante* el Papa.　　　Ella está *delante de* la pizarra.

NOTA: Cuando un verbo sigue a una preposición *siempre* se emplea el infinitivo, *nunca* el gerundio.

Estoy cansado *de esperar.*
Los que hacen "footing" no pueden vivir *sin correr* todos los días.
Insistieron *en acompañarnos.*

las principales preposiciones y expresiones de lugar:

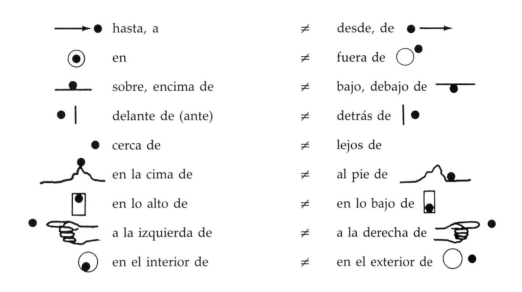

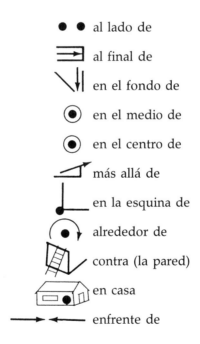

algunos verbos que van acompañados por preposiciones:

a	acercarse a	comenzar a	negarse a
	acudir a	decidirse a	obligar a
	animar a	dedicarse a	oponerse a
	aprender a	echarse a	ponerse a
	aspirar a	enseñar a	resignarse a
	atreverse a	invitar a	volver a
	ayudar a	ir a	

de	acabar de	enamorarse de	reírse de
	acordarse de	encargarse de	sufrir de
	alegrarse de	enterarse de	tener el derecho de
	cansarse de	gozar de	tener ganas de
	deber de	informarse de	tener la impresión de
	dejar de	olvidarse de	tener miedo de
	depender de	pensar de (opinión)	tratar de
	disfrutar de	quejarse de	

con	conformarse con	contar con	soñar con
	casarse con	dar con	tropezar con

por	comenzar por	interesarse por	estar por (en/a favor de)
	preocuparse por		

para	estar para (preparado)

en	caber en	convertirse en	pensar en (reflexionar)
	consentir en	empeñarse en	quedar en
	consistir en	fijarse en	tardar en
	convenir en	insistir en	

algunas expresiones con preposiciones:

a	a caballo	a la orilla de
	a fines de	a lo sumo
	a la antigua (tradicionalmente)	

a + el + infinitivo		
	al entrar	al despegar el avión
	al prender	al recibir la noticia
	al encender la luz	al terminar

de	de corazón	de mal en peor
	de acuerdo	de modo que
	de hoy en adelante	de pie

en	en avión	en el fondo
	en cambio	en el quinto infierno
	en efecto	en la actualidad
	en voz alta (baja)	en realidad

por	por la mañana	por todas partes	por fin
	por la tarde	por lo general	por eso
	por la noche	por supuesto	por nada (de nada)
	por casualidad	por consiguiente	por lo común

con	con cariño	con gusto
	con énfasis	con permiso
	con cuidado	con razón

sin	sin embargo	sin ton ni son	sin más ni más

para	para siempre	para nada	para que

Ejercicios de comprobación

A. Escribir una preposición o frase prepositiva. Formar la contracción si es necesario.

1. Ellos viven al otro lado de la calle; es decir que viven _____ _____ nosotros.

2. Magallanes navegó _____ _____ mundo.

3. El avión volaba _____ _____ la ciudad.

4. Tenemos que informarnos _____ horario de los trenes antes de planear el viaje.

5. La Reina Isabel se casó _____ el Rey Fernando.

6. Niño, no tardes mucho _____ volver a casa.

7. ¿Qué piensas _____ la juventud de hoy?

8. Ellos van al centro _____ coche pero yo prefiero ir _____ pie.

9. Mis tíos siempre me tratan _____ cariño.

10. Se casaron y vivieron felices _____ siempre.

11. _____ lo común transmiten programas de deportes los sábados.

12. _____ entrar en la catedral notamos el cambio de temperatura.

13. Pusimos los regalos _____ la mesa.

14. No van a regresar _____ medianoche.

15. Vivieron en París _____ el año 1970 _____ el año 1980.

16. El collar de perlas es _____ mi madre.

17. Ese muchacho duerme _____ día porque tiene que trabajar _____ noche.

18. ¿Hablas _____ serio?

19. _____ el reinado de Felipe II, España prosperó mucho.

20. La locomotora va _____ _____ tren.

B. Escribir *por* o *para* según el sentido de la oración.

1. Recibí el paquete _____ correo.

2. He comprado las flores _____ ti.

3. Tendrán el trabajo escrito _____ el lunes.

4. Ganamos un cinco _____ ciento de nuestros ahorros.

5. El Primer Ministro vino _____ el rey porque éste tenía una entrevista importante con otros miembros del gobierno.

6. Le han dado mil dólares _____ su coche.

7. He estudiado en este colegio _____ dos meses.

8. Estábamos _____ salir cuando sonó el teléfono.

9. _____ sacar dinero del banco tienes que escribir un cheque (talón).

10. Voy a solicitar una beca _____ seguir mis estudios en la universidad.

11. ¿A qué hora sale el tren _____ Cuzco?

12. Mi padre fue a la farmacia _____ medicinas.

13. Hicieron una excursión _____ la costa mediterránea.

14. La noticia fue publicada _____ una compañía inglesa.

15. _____ un extranjero, él entiende bien las costumbres de nuestra región.

16. ¿Qué darías _____ un helado de chocolate en este momento?

17. El coche suyo puede alcanzar una velocidad de ciento veinte millas _____ hora.

18. Murieron _____ sus ideales políticos.

19. Muchas gracias _____ habernos invitado a la fiesta.

20. _____ no tener más dinero tuvo que dejar sus joyas en el Monte de Piedad.

C. Escribir *por* o *para* según el sinónimo *en letra cursiva*.

1. Muchos luchan *a favor del* movimiento feminista. _____

2. Corrieron *a lo largo de* la carretera principal. _____

3. Yo tuve que trabajar *en lugar de* mi hermano. _____

4. *A causa de* la tormenta aplazaron el partido de fútbol. _____

5. Tienen que entregar los informes *antes del* viernes. _____

6. *Teniendo en cuenta* su edad, ese señor es muy dinámico. _____

7. Me lo comunicaron *a través de* un telegrama. _____

8. Estuvo en las montañas *durante* dos semanas. _____

9. ¿Este cheque es *destinado a* la beneficencia? _____

10. Volvimos *a través del* parque siguiendo un atajo. _____

II. Conjunciones

Ejemplos

Javier *y* Ana fueron juntos al cine.
Pedro *e* Isabel fueron al teatro.
Invita a cenar a los Ruiz *o* a los Suárez.
No invites a cenar *ni* a los Fernández *ni* a los Gómez.
Comí espinacas congeladas *pero* no me gustaron.
Yo no como espinacas *sino* maíz.
Uno *u* otro tendrá que hacerlo.
Aunque llueve (está lloviendo), iremos.
No hagas las reservaciones *que* yo las he hecho ya.
No llames a Elisa *porque* estoy segura de que viene.
Nadie contesta, *luego* no está.
No tenemos que ir a clase, *puesto* que es domingo.
Él ya ha venido, *así que* podemos salir.
El cáncer es una enfermedad muy temida, *no obstante* hay esperanzas de encontrar una cura.
Comes mucho, *por lo tanto* engordarás.
Si llega, avísame.

Ejercicio de reflexión

Completar con la conjunción más apropiada (*sino, y, o, ni—ni, aunque, así que, porque, ya, por lo tanto*).

1. Mañana iré a la escuela _____ no me sienta del todo bien.

2. Ellos no viajan en avión _____ en transatlántico.

3. Se me olvidó traer dinero, _____ _____ pagaré con la tarjeta de crédito.

4. Este atleta ganó la medalla de oro _____ es el mejor corredor olímpico.

5. No te preocupes de llamar a los bomberos; yo _____ los llamé y están en camino.

6. El agua de la piscina está muy fría, _____ _____ _____ no nos bañaremos.

7. ¿Qué prefiere Ud.: pastel _____ helado? – _____ el uno _____ el otro.

8. Durante la fiesta bailasteis _____ os divertisteis.

Explicación

La conjunción es una parte invariable de la oración que sirve para enlazar oraciones o partes de la oración.

Las conjunciones se dividen en dos grupos: coordinantes o subordinantes.

A. *Las conjunciones coordinantes unen dos elementos de la misma clase (complementos, sujetos o verbos).*

y (e)	pero	que (coordinante o subordinante)
o (u)	sino	
ni	mas	

Usos

1. y (e)

e substituye a *y* cuando la palabra siguiente empieza por *i* o *hi*.

Mi hermana *y* yo iremos a la fiesta.
Los Sres. de Sosa *e* hijos están invitados.
Cuando el huracán ruge *y* silba, arrasa con todo.

2. o (u)

u substituye a *o* cuando la palabra siguiente empieza por *o* u *ho*.

Lo hará él *o* ella.
Uno *u* otro vendrá mañana.
No sé si fue niño *u* hombre.

3. ni

No tengo *ni* papel *ni* pluma, *ni* tabaco *ni* fósforos.

4. pero

Me gustan todos los mariscos *pero* prefiero la langosta.

5. sino

No me gusta el vino tinto, *sino* el blanco.

6. sino que

No quiere que hablemos, *sino que* callemos.

7. mas

Sinónimo de *pero*. Se usa normalmente en lenguaje literario.

Quiso venir, *mas* no pudo.

8. que

No subas *que* ya bajo yo.
Dice el profesor *que* vayas.

B. *Las conjunciones subordinantes establecen la dependencia de una o más oraciones con relación a otra.*

porque	puesto que	si	aunque	luego
pues	ya que	como	así que	conque

Usos

1. porque

No canta *porque* no puede.

2. pues

No te gusta, *pues* no lo comas.

3. puesto que   No pudieron arrancar el coche *puesto que* no tenía gasolina.

4. ya que

Nos vamos *ya que* es la hora.
Ya que estás aquí, ayúdame.
Ya que no estudias tú, deja estudiar a tu compañero.

5. luego

Pienso, *luego* existo.
No está, *luego* no ha llegado.

6. así pues

sinónimo = luego que
Tengo que vender el coche, *así pues* decide si lo quieres o no.

7. así que

sinónimo = de modo que, de manera que
Tenemos que salir a las siete, *así que* date prisa.
No lo hizo, *así que* ahora paga las consecuencias.

8. conque

No sabes el vocabulario, *conque* (de modo que) apréndelo. (muy coloquial)
Conque ya sabes: si no estudias el vocabulario no podrás participar en la clase.
Conque, ¿lo estudiarás o no lo estudiarás?
Conque lo estudiaste, ¿eh?

9. si

Ponte a dieta; *si* no, no te servirá la ropa.
Si ése es campeón, ¡yo soy Premio Nóbel!
Si tuviera dinero, compraría un coche.
Compraré un coche *si* bajan los precios.
Él toca la guitarra como *si* fuera discípulo de Andrés Segovia.

10. como

Te compro una bicicleta a ti *como* le compré a tu hermano.
Asistió a la boda *como* testigo.
Como vendrá cansado, no querrá comer.
Como ha terminado el concierto, nos vamos.
Verás *como* no viene.

NOTA: *Cual* equivale a *como* en lenguaje poético.
El toro, *cual* minotauro resucitado, embistió al torero.

11. aunque

Aunque soy español vivo en América. (cierto)
Ella lo comerá *aunque* no le guste. (hipotético)
Aunque es un buen atleta no le gustan los deportes. (cierto)

12. apenas

Apenas (inmediatamente que) llegó, se puso a escribir.
Apenas (en seguida que) salió, empezó a llover.

las frases conjuntivas:

Una frase conjuntiva es una combinación o grupo de palabras que sirve en la oración como conjunción. Algunas de uso frecuente:

no obstante	por consiguiente
con todo	a pesar de
fuera de	por lo tanto
excepto que (salvo)	sin embargo

Ejercicios de comprobación

A. Completar con la conjunción más apropiada (*aunque, si, pero, e, sino, conque, luego, que*).

1. Salió temprano, _____ no logró llegar a tiempo para ver pasar el cortejo nupcial.

2. Ellas, _____ son jóvenes, son muy razonables y disciplinadas.

3. _____ tuviera un millón de dólares compraría una isla en el Caribe.

4. ¿Piensas que Fernando _____ Isabel se amaron?

5. Preferimos coser nuestros propios vestidos, _____ la falta de tiempo nos lo impide.

6. ¡Niño, tendrás que comer las legumbres _____ no te gusten!

7. No quiero morir joven, _____ vivir hasta los noventa.

8. Todos estamos listos para salir, _____ ¡apúrate y acaba de cerrar tu maleta!

9. Hace mucho calor, _____ habrá que encender el aire acondicionado.

10. Ven acá, _____ quiero que conozcas a estos amigos italianos.

B. Terminar las oraciones de manera original.

1. Gasta dinero como _____ .

2. Me encantan los platos mexicanos, pero _____ .

3. No es necesario que durmamos sino que _____ .

4. Llegué tarde aunque _____ .

5. Está nevando así que _____ .

6. Enciende la lámpara ya que _____ .

7. No irán de vacaciones en agosto sino _____ .

8. Iremos a la fiesta puesto que _____ .

9. Nosotros viajaremos a pesar de _____ .

10. Ella tiene miedo de que _____ .

Ejercicios de repaso

A. Escribir la forma apropiada del adjetivo y colocarlo en el lugar que corresponda.

Modelo: (hábil) _____ artesanos ____hábiles____

1. (otro) _____ personas _____

2. (japonés) _____ habitantes _____

3. (veintiuno) _____ días _____

4. (cariñoso) _____ abuela _____

5. (varios) _____ problemas _____

6. (fatal) _____ accidentes _____

7. (alguno) _____ país _____

8. (fértil) _____ regiones _____

9. (hablador) _____ peluqueras _____

10. (cada) _____ individuo _____

11. (caro) _____ precios _____

12. (quinientos) _____ páginas _____

13. (español) _____ señoras _____

14. (feroz) _____ animales _____

15. (extranjero) _____ idiomas _____

B. Escribir el superlativo absoluto.

Modelo: guapo _____guapísimo_____

1. cómico _____   6. correcto _____

2. lento _____   7. fácil _____

3. pequeñas _____   8. cara _____

4. fea _____   9. rápido _____

5. poco _____   10. simpáticos _____

C. Cambiar la oración de un comparativo de igualdad a un comparativo de desigualdad o vice versa, según los símbolos (+), (−) o (=).

Modelo: Ellos tienen tantas ideas como nosotros. (+)

Ellos tienen más ideas que nosotros.

1. El jefe es más trabajador que los empleados. (=)

_____

2. Este vestido es tan feo como el otro. (+)

_____

3. Los niños cantan mejor que los mayores. (=)

_____

4. Tú tienes más paciencia que yo. (=)

_____

5. Su hermana es menos atractiva que la mía. (=)

_____

6. El perro de mi vecino es peor que el nuestro. (=)

_____

7. Ella ha leído tanto como tú. (−)

_____

8. Mi compañero gasta tanto como yo. (−)

_____

9. En este lago hay más lanchas de motor que barcos de vela. (=)

_____

10. Hay menos mosquitos en julio que en agosto. (=)

_____

11. Hizo tanto frío este invierno como durante el invierno pasado. (+)

_____

12. Tienes tantos años como yo. (−)

_____

13. Este año ha habido tantos turistas en España como en Italia. (+)

_____

14. Hay tantas diversiones en esta ciudad como en la otra. (−)

_____

15. La Argentina exporta más carne que Tejas. (=)

_____

LECCIÓN TRECE

MÁS SOBRE LOS VERBOS

I. Verbos que se usan con complementos indirectos pleonásticamente (como *gustar*)

Ejemplos

> A mí *me gusta el café* con leche.
> ¿Qué *te parece* a ti *este ejercicio*?
> A ella *le gusta cantar.*
> A nosotros *nos gustan las frutas tropicales.*
> A mí *me duele la garganta* cuando tengo un resfriado.
> A Uds. *les duelen las piernas* cuando corren muchos kilómetros.
> A ellos *les encanta esa chica.*
> A nosotros *nos entusiasman los triunfos de nuestro equipo.*
> A mis padres *les fastidia que yo llegue tarde.*
> A ti *te hacen daño los mariscos.*
> A ella *le sienta* muy bien *ese color.*

Explicación

Con ciertos verbos el complemento de persona se repite (pleonásticamente) para poner mayor énfasis en la frase o para darle mayor expresividad. En esos casos el sujeto va al final de la oración. El uso de esta forma es muy frecuente.

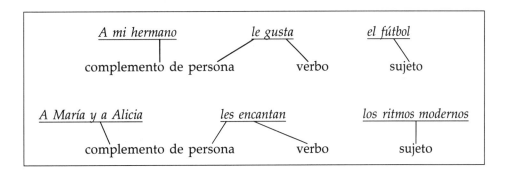

Otros verbos de uso frecuente que se conjugan como el verbo *gustar*:

importar	encantar	sorprender	agradar
aburrir	doler	tocar	bastar
convenir	faltar	extrañar	fascinar
parecer	quedar	molestar	hacer falta
resultar	sobrar	interesar	
hacer daño	caer bien	fastidiar	

Ejercicios de comprobación

A. Escribir la forma del verbo y del complemento apropiado.

1. A mis amigos no (caer) _____ _____ bien la gente pedante.

2. ¿Cuántas pesetas (sobrar) _____ _____ a ti?

3. A nosotros (aburrir) _____ _____ las telenovelas.

4. ¿(molestar) _____ _____ el ruido a sus padres?

5. A mi (fastidiar) _____ _____ los mosquitos.

6. ¿(convenir) _____ _____ a vosotros salir a las nueve?

7. A ellos (parecer) _____ _____ que la clase es interesante.

8. A mi hermano (tocar) _____ _____ fregar los platos.

9. A esas chicas (encantar) _____ _____ ir de compras.

10. El aplauso del público (agradar) _____ _____ al cantante.

B. Terminar las oraciones de manera original.

1. Siempre me (sorprender) _____.

2. Fue al dentista porque le (doler) _____.

3. Durante las fiestas nos (fascinar) _____.

4. No asistieron al partido porque les (faltar) _____.

5. A mi mejor amigo le (importar) _____.

6. Cuando era joven me (molestar) _____.

7. Por la noche os (resultar) _____.

8. A mucha gente le (hacer daño) _____.

9. Cuando visitas otro país te (gustar) _____.

10. A Silvia y a Felipe les (interesar) _____.

II. Verbos defectivos (impersonales)

Ejemplos

Según el hombre del tiempo, mañana *va a llover.*
Hiela mucho en el invierno.
Cuando hay tormenta, *truena.*
En las tormentas tropicales *relampaguea* mucho.
En Nueva Inglaterra *nieva* en el invierno.
Cuando *graniza,* se pierden las cosechas.

Los verbos defectivos o impersonales se conjugan únicamente en la tercera persona del singular. Se conjugan en todos los tiempos.

Observe algunas conjugaciones.

	Presente	*Pretérito*	*Futuro*
llover	llueve	llovió	lloverá
helar	hiela	heló	helará
tronar	truena	tronó	tronará
relampaguear	relampaguea	relampagueó	relampagueará
nevar	nieva	nevó	nevará
granizar	graniza	granizó	granizará

III. El verbo *soler*

Ejemplos

Él *suele* llegar tarde.
Solía haber menos contaminación que ahora.
Él *solía* viajar a España todos los veranos.
Los ejecutivos *suelen* tener coches con aire acondicionado.
Yo *suelo* nadar una hora al día.

Explicación

El verbo *soler* es un verbo auxiliar que únicamente se conjuga en el presente e imperfecto de indicativo y también en el presente e imperfecto de subjuntivo. (Véase pág. 4.)

IV. El uso del infinitivo como substantivo

Ejemplos

Vivir es gozar.
El saber no ocupa lugar.
El cantar alegra los corazones.
El sonar de las campanas atrae a los transeúntes.
El comer es necesario para vivir.

Explicación

El infinitivo con el artículo (y a veces sin él) hace las funciones del nombre substantivo.

V. Adjetivos y substantivos derivados del infinitivo

El *caminante* atravesó el valle.
Los *amantes* de Verona fueron Romeo y Julieta.
"En la *ardiente* oscuridad" es una obra de Buero Vallejo.
O.V.N.I. = objeto *volante* no identificado.
Don Quijote fue un caballero *andante*.
Recibió una nota de *sobresaliente* en el examen.
Hay muchos *hispanohablantes* en los EE.UU.

Algunos substantivos y adjetivos se forman añadiendo el sufijo *-ante* o *-iente* a la raíz del verbo.

Verbos en *-ar*
-ANTE
amar – amante

Verbos en *-er, -ir*
-IENTE
arder – ardiente
sobrevivir – sobreviviente

Algunos adjetivos se forman añadiendo el sufijo *-able* o *-ible* a la raíz del verbo.

Verbos en *-ar*
-ABLE
aplicar – aplicable

Verbos en *-er, -ir*
-IBLE
temer – temible

Formar adjetivos de los siguientes verbos.

Modelo: volar _____ volante _____

1. sobresalir _____
2. sorprender _____
3. errar _____
4. correr _____
5. oír (y) _____
6. chocar _____
7. poder (u) _____
8. abundar _____

9. edificar _____
10. caminar _____
11. doler _____
12. sofocar _____
13. cantar _____
14. dormir (u) _____
15. creer (y) _____
16. crujir _____

VI. Verbos con los prefijos *sobre* y *sub* o *subs*

sobre + verbo (aumenta)	*sub* o *subs* + verbo (disminuye)

sobrevivir

sobresalir

sobrecargar

sobrealimentar

sobrentender

sobrepasar

sobrexcitar

sobrecoger

sobreabundar

sobresaltar

subdesarrollar

subsistir

subarrendar

substituir

substraer

subyugar

VII. Expresiones de tiempo con el verbo *hacer*

Ejemplos

Hace cuatro años que *estudio* en este colegio.
Hace dos horas que *espera.*
Hace varios meses que *se murió* su abuelo.
Hacía dos años que *vivían* en la isla.

Explicación

Hace + período de tiempo + *que* + presente del verbo

Expresa la duración de una acción del verbo que empezó en el pasado y continúa en el presente.

Hace + período de tiempo + *que* + pretérito del verbo

Expresa una acción que ocurrió en el pasado.

Hacía + período de tiempo + *que* + imperfecto del verbo

Expresa la duración de una acción continua en el pasado.

VIII. Algunos de los verbos que se usan idiomáticamente

tener

tener ganas de	tener que ver con	tener miedo de
tener celos	tener cuidado	tener que + infinitivo
tener vergüenza	tener éxito	tener calor, frío
tener razón	tener lugar	tener sed, hambre
tener prisa	tener la culpa	tener suerte

dar

dar la hora	dar de comer, beber	dar una vuelta
dar a	darse prisa	darse cuenta de
dar con	dar un paseo	
dar en	dar(se) por + participio pasado	

hacer

hacer caso a (de)	hacerse daño	hacer sol
hacer el papel de	hacer un viaje	hacer frío
hacerse	hacer novillos	hacer buen tiempo

poner(se)

ponerse de pie	poner la mesa
ponerse de acuerdo	ponerse a

echar(se)

echar de menos	echar la culpa a alguien	echar al correo
echarse a perder	echarse una siesta	echar una mirada

otros modismos

estar de acuerdo	valer la pena	pedir prestado
estar de vuelta	prestar atención	quedarse en

Ejercicios de comprobación

A. Completar las oraciones siguientes con el complemento y la forma apropiados del verbo.

1. A él _____ (aburrir) las películas antiguas.
2. A mí _____ (interesar) estudiar idiomas.
3. A nosotros _____ (encantar) las vacaciones.
4. A ella _____ (doler) la muela de juicio.
5. A Ud. _____ (importar) el bienestar de su familia.
6. A vosotros _____ (caer) mal ese compañero.
7. A ellos _____ (convenir) trabajar más horas.
8. A mí _____ (molestar) el ruido de la circulación.
9. A Uds. _____ (quedar) dinero en el banco.
10. A ti _____ (sorprender) que él ganara el premio.

B. Completar con la forma apropiada del verbo defectivo entre paréntesis.

1. El hombre del tiempo anunció que (llover) _____ mañana por la noche.
2. (Relampaguear) _____ siempre durante las tormentas tropicales de mi infancia.
3. Esta madrugada (helar) _____ y los niños han podido patinar en el lago.
4. ¿(Nevar) _____ mucho el próximo invierno?
5. Espero que no (granizar) _____ en marzo.
6. ¿(Tronar) _____ mucho durante las tempestades en alta mar?
7. Prefiero que (nevar) _____ a que (llover) _____.
8. El agua (helarse) _____ cuando la temperatura bajó a menos de cero.
9. Cuando (llover) _____ bastante en abril, brotan bellas flores en mayo.
10. La familia de Lencho perdió su cosecha porque (granizar) _____.

C. Completar con un infinitivo según la oración.

1. El _____ idiomas es una ventaja en el mundo de los negocios internacionales.

2. El _____ deportes es bueno para la salud.

3. El _____ al extranjero ayuda a entender otras culturas.

4. El _____ del último piso de un rascacielos asegura una muerte rápida.

5. El _____ un instrumento musical ofrece horas de entretenimiento y de placer.

6. El _____ mucho dinero lleva a la ruina financiera.

7. El _____ rápidamente puede causar mayor número de accidentes.

8. El _____ es una necesidad para todo ser humano.

9. El _____ es la vocación del maestro.

10. El _____ en bicicleta es un ejercicio excelente para el sistema cardiovascular.

CH. Escribir el adjetivo o el substantivo que corresponda.

1. Después de correr un kilómetro la temperatura era (sofocar) _____.

2. La mejor (cantar) _____ es también excepcionalmente bella.

3. Ese estudiante sacó notas (sobresalir) _____ el trimestre pasado.

4. Ella vive con una familia (poder) _____ de la capital.

5. La bella (dormir) _____ se enamoró del príncipe al despertarse.

6. El musulmán (creer) _____ reza tres veces al día y se abstiene de comer cerdo.

7. Los gitanos llevan una vida (errar) _____.

8. El recuerdo del soldado desconocido que murió durante la guerra sobrevive en la llama (arder)

_____.

9. El pasajero (sobrevivir) _____ de la catástrofe aérea se llamaba Rafael.

10. La noticia resultó ser muy (sorprender) _____.

D. Escribir los adjetivos derivados de la raíz de los verbos a continuación.

1. aceptar _____   6. preferir _____

2. aprovechar _____   7. durar _____

3. rechazar _____   8. dirigir _____

4. soportar _____   9. mover _____

5. respetar _____   10. transferir _____

E. Escribir verbos derivados del infinitivo de los verbos a continuación con los prefijos *sub*, *subs* o *sobre*.

1. arrendar _____   6. desarrollar _____

2. entender _____   7. cargar _____

3. excitar _____   8. vivir _____

4. rayar _____   9. traer _____

5. pasar _____   10. coger _____

F. Escribir *hace* o *hacía* según el sentido de la oración.

1. _____ mucho frío el día que te conocí en el parque del Retiro.

2. _____ dos años hice un viaje por las Montañas Rocosas.

3. ¿Cuánto tiempo _____ que estaban ellos allí?

4. _____ una semana que espero una llamada de mi novio. ¿Qué le pasará?

5. _____ tres años que no había regresado a mi país. ¡Por fin he regresado!

6. _____ un momento que llamaron a la puerta. ¿Quieres abrir?

7. _____ una semana que estoy a dieta. (régimen)

8. _____ buen tiempo, pero de repente se nubló el cielo y cayó un aguacero.

9. ¿Cuánto tiempo _____ que no ves a tus primos de Chile?

10. ¡Hoy _____ un calor de miedo!

G. Escribir el modismo en la forma que corresponda al sentido de la oración.

prestar atención	estar de acuerdo	dar en	tener éxito
echar de menos	dar de comer	tener calor	hacer novillos
tener razón	tener ganas de	dar a	valer la pena

1. Hoy yo no _____ trabajar porque estoy muy cansado.

2. Ella siempre _____; no se puede discutir con ella.

3. Nuestra habitación _____ la playa y tiene una vista maravillosa.

4. Cuando los niños están lejos de casa por mucho tiempo, ellos _____ a sus padres.

5. Si los representantes de los gobiernos no _____, no es posible resolver los problemas.

6. Si una persona persevera es posible que _____ en su carrera.

7. En la primavera los estudiantes prefieren _____ en vez de ir a clase.

8. Cuando el primer ministro habla, los miembros del gabinete _____.

9. Si el efecto invernadero ocurriera, nosotros _____ en exceso.

10. La manzana le _____ la cabeza a Newton.

Ejercicios de repaso

A. Escribir una preposición de las listas en las páginas 157–161 que corresponda al sentido de la oración.

1. Ella no conoce _____ mis hijos.

2. Los estudios universitarios, _____ mi padre, son imprescindibles.

3. Ella siempre se sienta _____ Carlos y Enrique.

4. Se dio _____ la cabeza _____ la pared.

5. El ladrón salió _____ la ventana _____ que no lo vieran.

6. Ellos han viajado _____ el oeste durante el verano.

7. Tú viviste en Nicaragua _____ la dictadura de Somoza.

8. Voy _____ la biblioteca.

9. Nosotros salimos _____ México esta tarde.

10. Dejó el libro _____ la mesa.

11. El criminal tuvo que comparecer _____ el juez.

12. Él siempre va _____ las chicas; no _____ ellas.

B. Escribir oraciones completas y originales con las preposiciones y expresiones de lugar a continuación.

1. hasta _____

2. sin _____

3. en la cima de _____

4. a la izquierda de _____

5. al pie de _____

6. cerca de _____

7. por _____

8. más allá de _____

9. enfrente de _____

10. en el fondo _____

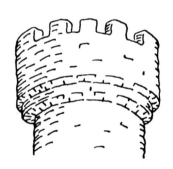

TABLA DE VERBOS

Las conjugaciones de los verbos *hablar, comer* y *vivir* van completas (tiempos simples y compuestos). Los demás, que van en orden alfabético, se han conjugado solamente en los tiempos simples. Se han seleccionado verbos de uso frecuente y cuyas irregularidades sirven de modelo para otros verbos.

TIEMPOS SIMPLES

INDICATIVO

Infinitivo	Participios	Presente	Pretérito	Imperfecto	Futuro
hablar	hablando hablado	hablo hablas habla hablamos habláis hablan	hablé hablaste habló hablamos hablasteis hablaron	hablaba hablabas hablaba hablábamos hablabais hablaban	hablaré hablarás hablará hablaremos hablaréis hablarán
comer	comiendo comido	como comes come comemos coméis comen	comí comiste comió comimos comisteis comieron	comía comías comía comíamos comíais comían	comeré comerás comerá comeremos comeréis comerán
vivir	viviendo vivido	vivo vives vive vivimos vivís viven	viví viviste vivió vivimos vivisteis vivieron	vivía vivías vivía vivíamos vivíais vivían	viviré vivirás vivirá viviremos viviréis vivirán

TIEMPOS COMPUESTOS

INDICATIVO

Infinitivo	Presente Perfecto	Pluscuamperfecto	Futuro Perfecto
hablar	he hablado has hablado ha hablado hemos hablado habéis hablado han hablado	había hablado habías hablado había hablado habíamos hablado habíais hablado habían hablado	habré hablado habrás hablado habrá hablado habremos hablado habréis hablado habrán hablado
comer	he comido has comido ha comido hemos comido habéis comido han comido	había comido habías comido había comido habíamos comido habíais comido habían comido	habré comido habrás comido habrá comido habremos comido habréis comido habrán comido
vivir	he vivido has vivido ha vivido hemos vivido habéis vivido han vivido	había vivido habías vivido había vivido habíamos vivido habíais vivido habían vivido	habré vivido habrás vivido habrá vivido habremos vivido habréis vivido habrán vivido

SUBJUNTIVO

Condicional	Imperativo	Presente	Imperfecto
hablaría		hable	hablara, -se
hablarías	habla	hables	hablaras, -ses
hablaría	hable	hable	hablara, -se
hablaríamos	hablemos	hablemos	habláramos, -semos
hablaríais	hablad	habléis	hablarais, -seis
hablarían	hablen	hablen	hablaran, -sen
comería		coma	comiera, -se
comerías	come	comas	comieras, -ses
comería	coma	coma	comiera, -se
comeríamos	comamos	comamos	comiéramos, -semos
comeríais	comed	comáis	comierais, -seis
comerían	coman	coman	comieran, -sen
viviría		viva	viviera, -se
vivirías	vive	vivas	vivieras, -ses
viviría	viva	viva	viviera, -se
viviríamos	vivamos	vivamos	viviéramos, -semos
viviríais	vivid	viváis	vivierais, -seis
vivirían	vivan	vivan	vivieran, -sen

CONDICIONAL

SUBJUNTIVO

Condicional Perfecto	Presente Perfecto	Pluscuamperfecto
habría hablado	haya hablado	hubiera, -se hablado
habrías hablado	hayas hablado	hubieras, -ses hablado
habría hablado	haya hablado	hubiera, -se hablado
habríamos hablado	hayamos hablado	hubiéramos, -semos hablado
habríais hablado	hayáis hablado	hubierais, -seis hablado
habrían hablado	hayan hablado	hubieran, -sen hablado
habría comido	haya comido	hubiera, -se comido
habrías comido	hayas comido	hubieras, -ses comido
habría comido	haya comido	hubiera, -se comido
habríamos comido	hayamos comido	hubiéramos, -semos comido
habríais comido	hayáis comido	hubierais, -seis comido
habrían comido	hayan comido	hubieran, -sen comido
habría vivido	haya vivido	hubiera, -se vivido
habrías vivido	hayas vivido	hubieras, -ses vivido
habría vivido	haya vivido	hubiera, -se vivido
habríamos vivido	hayamos vivido	hubiéramos, -semos vivido
habríais vivido	hayáis vivido	hubierais, -seis vivido
habrían vivido	hayan vivido	hubieran, -sen vivido

INDICATIVO

Infinitivo	Participios	Presente	Pretérito	Imperfecto	Futuro
andar	andando andado	ando andas anda andamos andáis andan	anduve anduviste anduvo anduvimos anduvisteis anduvieron	andaba andabas andaba andábamos andabais andaban	andaré andarás andará andaremos andaréis andarán
averiguar	averiguando averiguado	averiguo averiguas averigua averiguamos averiguáis averiguan	averigüé averiguaste averiguó averiguamos averiguasteis averiguaron	averiguaba averiguabas averiguaba averiguábamos averiguabais averiguaban	averiguaré averiguarás averiguará averiguaremos averiguaréis averiguarán
buscar	buscando buscado	busco buscas busca buscamos buscáis buscan	busqué buscaste buscó buscamos buscasteis buscaron	buscaba buscabas buscaba buscábamos buscabais buscaban	buscaré buscarás buscará buscaremos buscaréis buscarán
caber	cabiendo cabido	quepo cabes cabe cabemos cabéis caben	cupe cupiste cupo cupimos cupisteis cupieron	cabía cabías cabía cabíamos cabíais cabían	cabré cabrás cabrá cabremos cabréis cabrán
caer	cayendo caído	caigo caes cae caemos caéis caen	caí caíste cayó caímos caísteis cayeron	caía caías caía caíamos caíais caían	caeré caerás caerá caeremos caeréis caerán
cerrar	cerrando cerrado	cierro cierras cierra cerramos cerráis cierran	cerré cerraste cerró cerramos cerrasteis cerraron	cerraba cerrabas cerraba cerrábamos cerrabais cerraban	cerraré cerrarás cerrará cerraremos cerraréis cerrarán
comenzar	comenzando comenzado	comienzo comienzas comienza comenzamos comenzáis comienzan	comencé comenzaste comenzó comenzamos comenzasteis comenzaron	comenzaba comenzabas comenzaba comenzábamos comenzabais comenzaban	comenzaré comenzarás comenzará comenzaremos comenzaréis comenzarán

SUBJUNTIVO

Condicional	Imperativo	Presente	Imperfecto
andaría		ande	anduviera, -se
andarías	anda	andes	anduvieras, -ses
andaría	ande	ande	anduviera, -se
andaríamos	andemos	andemos	anduviéramos, -semos
andaríais	andad	andéis	anduvierais, -seis
andarían	anden	anden	anduvieran, -sen
averiguaría		averigüe	averiguara, -se
averiguarías	averigua	averigües	averiguaras, -ses
averiguaría	averigüe	averigüe	averiguara, -se
averiguaríamos	averigüemos	averigüemos	averiguáramos, -semos
averiguaríais	averiguad	averigüéis	averiguarais, -seis
averiguarían	averigüen	averigüen	averiguaran, -sen
buscaría		busque	buscara, -se
buscarías	busca	busques	buscaras, -ses
buscaría	busque	busque	buscara, -se
buscaríamos	busquemos	busquemos	buscáramos, -semos
buscaríais	buscad	busquéis	buscarais, -seis
buscarían	busquen	busquen	buscaran, -sen
cabría		quepa	cupiera, -se
cabrías	cabe	quepas	cupieras, -ses
cabría	quepa	quepa	cupiera, -se
cabríamos	quepamos	quepamos	cupiéramos, -semos
cabríais	cabed	quepáis	cupierais, -seis
cabrían	quepan	quepan	cupieran, -sen
caería		caiga	cayera, -se
caerías	cae	caigas	cayeras, -ses
caería	caiga	caiga	cayera, -se
caeríamos	caigamos	caigamos	cayéramos, -semos
caeríais	caed	caigáis	cayerais, -seis
caerían	caigan	caigan	cayeran, -sen
cerraría		cierre	cerrara, -se
cerrarías	cierra	cierres	cerraras, -ses
cerraría	cierre	cierre	cerrara, -se
cerraríamos	cerremos	cerremos	cerráramos, -semos
cerraríais	cerrad	cerréis	cerrarais, -seis
cerrarían	cierren	cierren	cerraran, -sen
comenzaría		comience	comenzara, -se
comenzarías	comienza	comiences	comenzaras, -ses
comenzaría	comience	comience	comenzara, -se
comenzaríamos	comencemos	comencemos	comenzáramos, -semos
comenzaríais	comenzad	comencéis	comenzarais, -seis
comenzarían	comiencen	comiencen	comenzaran, -sen

INDICATIVO

Infinitivo	Participios	Presente	Pretérito	Imperfecto	Futuro
conducir	conduciendo conducido	conduzco conduces conduce conducimos conducís conducen	conduje condujiste condujo condujimos condujisteis condujeron	conducía conducías conducía conducíamos conducíais conducían	conduciré conducirás conducirá conduciremos conduciréis conducirán
conocer	conociendo conocido	conozco conoces conoce conocemos conocéis conocen	conocí conociste conoció conocimos conocisteis conocieron	conocía conocías conocía conocíamos conocíais conocían	conoceré conocerás conocerá conoceremos conoceréis conocerán
construir	construyendo construido	construyo construyes construye construimos construís construyen	construí construiste construyó construimos construisteis construyeron	construía construías construía construíamos onstruíais construían	construiré construirás construirá construiremos construiréis construirán
corregir	corrigiendo corregido	corrijo corriges corrige corregimos corregís corrigen	corregí corregiste corrigió corregimos corregisteis corrigieron	corregía corregías corregía corregíamos corregíais corregían	corregiré corregirás corregirá corregiremos corregiréis corregirán
costar	costando costado	cuesto cuestas cuesta costamos costáis cuestan	costé costaste costó costamos costasteis costaron	costaba costabas costaba costábamos costabais costaban	costaré costarás costará costaremos costaréis costarán
crecer	creciendo crecido	crezco creces crece crecemos crecéis crecen	crecí creciste creció crecimos crecisteis crecieron	crecía crecías crecía crecíamos crecíais crecían	creceré crecerás crecerá creceremos creceréis crecerán
cruzar	cruzando cruzado	cruzo cruzas cruza cruzamos cruzáis cruzan	crucé cruzaste cruzó cruzamos cruzasteis cruzaron	cruzaba cruzabas cruzaba cruzábamos cruzabais cruzaban	cruzaré cruzarás cruzará cruzaremos cruzaréis cruzarán

SUBJUNTIVO

Condicional	Imperativo	Presente	Imperfecto
conduciría		conduzca	condujera, -se
conducirías	conduce	conduzcas	condujeras, -ses
conduciría	conduzca	conduzca	condujera, -se
conduciríamos	conduzcamos	conduzcamos	condujéramos, -semos
conduciríais	conducid	conduzcáis	condujerais, -seis
conducirían	conduzcan	conduzcan	condujeran, -sen
conocería		conozca	conociera, -se
conocerías	conoce	conozcas	conocieras, -ses
conocería	conozca	conozca	conociera, -se
conoceríamos	conozcamos	conozcamos	conociéramos, -semos
conoceríais	conoced	conozcáis	conocierais, -seis
conocerían	conozcan	conozcan	conocieran, -sen
construiría		construya	construyera, -se
construirías	construye	construyas	construyeras, -ses
construiría	construya	construya	construyera, -se
construiríamos	construyamos	construyamos	construyéramos, -semos
construiríais	construid	construyáis	construyerais, -seis
construirían	construyan	construyan	construyeran, -sen
corregiría		corrija	corrigiera, -se
corregirías	corrige	corrijas	corrigieras, -ses
corregiría	corrija	corrija	corrigiera, -se
corregiríamos	corrijamos	corrijamos	corrigiéramos, -semos
corregiríais	corregid	corrijáis	corrigierais, -seis
corregirían	corrijan	corrijan	corrigieran, -sen
costaría		cueste	costara, -se
costarías	cuesta	cuestes	costaras, -ses
costaría	cueste	cueste	costara, -se
costaríamos	costemos	costemos	costáramos, -semos
costaríais	costed	costéis	costarais, -seis
costarían	cuesten	cuesten	costaran, -sen
crecería		crezca	creciera, -se
crecerías	crece	crezcas	crecieras, -ses
crecería	crezca	crezca	creciera, -se
creceríamos	crezcamos	crezcamos	creciéramos, -semos
creceríais	creced	crezcáis	crecierais, -seis
crecerían	crezcan	crezcan	crecieran, -sen
cruzaría		cruce	cruzara, -se
cruzarías	cruza	cruces	cruzaras, -ses
cruzaría	cruce	cruce	cruzara, -se
cruzaríamos	crucemos	crucemos	cruzáramos, -semos
cruzaríais	cruzad	crucéis	cruzarais, -seis
cruzarían	crucen	crucen	cruzaran, -sen

INDICATIVO

Infinitivo	Participios	Presente	Pretérito	Imperfecto	Futuro
dar	dando dado	doy das da damos dais dan	di diste dio dimos disteis dieron	daba dabas daba dábamos dabais daban	daré darás dará daremos daréis darán
decir	diciendo dicho	digo dices dice decimos decís dicen	dije dijiste dijo dijimos dijisteis dijeron	decía decías decía decíamos decíais decían	diré dirás dirá diremos diréis dirán
despertar	despertando despertado	despierto despiertas despierta despertamos despertáis despiertan	desperté despertaste despertó despertamos despertasteis despertaron	despertaba despertabas despertaba despertábamos despertabais despertaban	despertaré despertarás despertará despertaremos despertaréis despertarán
distinguir	distinguiendo distinguido	distingo distingues distingue distinguimos distinguís distinguen	distinguí distinguiste distinguió distinguimos distinguisteis distinguieron	distinguía distinguías distinguía distinguíamos distinguíais distinguían	distinguiré distinguirás distinguirá distinguiremos distinguiréis distinguirán
dormir	durmiendo dormido	duermo duermes duerme dormimos dormís duermen	dormí dormiste durmió dormimos dormisteis durmieron	dormía dormías dormía dormíamos dormíais dormían	dormiré dormirás dormirá dormiremos dormiréis dormirán
encender	encendiendo encendido	enciendo enciendes enciende encendemos encendéis encienden	encendí encendiste encendió encendimos encendisteis encendieron	encendía encendías encendía encendíamos encendíais encendían	encenderé encenderás encenderá encenderemos encenderéis encenderán
encontrar	encontrando encontrado	encuentro encuentras encuentra encontramos encontráis encuentran	encontré encontraste encontró encontramos encontrasteis encontraron	encontraba encontrabas encontraba encontrábamos encontrabais encontraban	encontraré encontrarás encontrará encontraremos encontraréis encontrarán

SUBJUNTIVO

Condicional	Imperativo	Presente	Imperfecto
daría		dé	diera, -se
darías	da	des	dieras, -ses
daría	dé	dé	diera, -se
daríamos	demos	demos	diéramos, -semos
daríais	dad	deis	dierais, -seis
darían	den	den	dieran, -sen
diría		diga	dijera, -se
dirías	di	digas	dijeras, -ses
diría	diga	diga	dijera, -se
diríamos	digamos	digamos	dijéramos, -semos
diríais	decid	digáis	dijerais, -seis
dirían	digan	digan	dijeran, -sen
despertaría		despierte	despertara, -se
despertarías	despierta	despiertes	despertaras, -ses
despertaría	despierte	despierte	despertara, -se
despertaríamos	despertemos	despertemos	despertáramos, -semos
despertaríais	despertad	despertéis	despertarais, -seis
despertarían	despierten	despierten	despertaran, -sen
distinguiría		distinga	distinguiera, -se
distinguirías	distingue	distingas	distinguieras, -ses
distinguiría	distinga	distinga	distinguiera, -se
distinguiríamos	distingamos	distingamos	distinguiéramos, -semos
distinguiríais	distinguid	distingáis	distinguierais, -seis
distinguirían	distingan	distingan	distinguieran, -sen
dormiría		duerma	durmiera, -se
dormirías	duerme	duermas	durmieras, -ses
dormiría	duerma	duerma	durmiera, -se
dormiríamos	durmamos	durmamos	durmiéramos, -semos
dormiríais	dormid	durmáis	durmierais, -seis
dormirían	duerman	duerman	durmieran, -sen
encendería		encienda	encendiera, -se
encenderías	enciende	enciendas	encendieras, -ses
encendería	encienda	encienda	encendiera, -se
encenderíamos	encendamos	encendamos	encendiéramos, -semos
encenderíais	encended	encendáis	encendierais, -seis
encenderían	enciendan	enciendan	encendieran, -sen
encontraría		encuentre	encontrara, -se
encontrarías	encuentra	encuentres	encontraras, -ses
encontraría	encuentre	encuentre	encontrara, -se
encontraríamos	encontremos	encontremos	encontráramos, -semos
encontraríais	encontrad	encontréis	encontrarais, -seis
encontrarían	encuentren	encuentren	encontraran, -sen

INDICATIVO

Infinitivo	Participios	Presente	Pretérito	Imperfecto	Futuro
escoger	escogiendo escogido	escojo escoges escoge escogemos escogéis escogen	escogí escogiste escogió escogimos escogisteis escogieron	escogía escogías escogía escogíamos escogíais escogían	escogeré escogerás escogerá escogeremos escogeréis escogerán
estar	estando estado	estoy estás está estamos estáis están	estuve estuviste estuvo estuvimos estuvisteis estuvieron	estaba estabas estaba estábamos estabais estaban	estaré estarás estará estaremos estaréis estarán
haber	habiendo habido	he has ha hemos habéis han	hube hubiste hubo hubimos hubisteis hubieron	había habías había habíamos habíais habían	habré habrás habrá habremos habréis habrán
hacer	haciendo hecho	hago haces hace hacemos hacéis hacen	hice hiciste hizo hicimos hicisteis hicieron	hacía hacías hacía hacíamos hacíais hacían	haré harás hará haremos haréis harán
ir	yendo ido	voy vas va vamos vais van	fui fuiste fue fuimos fuisteis fueron	iba ibas iba íbamos ibais iban	iré irás irá iremos iréis irán
jugar	jugando jugado	juego juegas juega jugamos jugáis juegan	jugué jugaste jugó jugamos jugasteis jugaron	jugaba jugabas jugaba jugábamos jugabais jugaban	jugaré jugarás jugará jugaremos jugaréis jugarán
llover	lloviendo llovido	llueve	llovió	llovía	lloverá
mostrar	mostrando mostrado	muestro muestras muestra mostramos mostráis muestran	mostré mostraste mostró mostramos mostrasteis mostraron	mostraba mostrabas mostraba mostrábamos mostrabais mostraban	mostraré mostrarás mostrará mostraremos mostraréis mostrarán

SUBJUNTIVO

Condicional	Imperativo	Presente	Imperfecto
escogería		escoja	escogiera, -se
escogerías	escoge	escojas	escogieras, -ses
escogería	escoja	escoja	escogiera, -se
escogeríamos	escojamos	escojamos	escogiéramos, -semos
escogeríais	escoged	escojáis	escogierais, -seis
escogerían	escojan	escojan	escogieran, -sen
estaría		esté	estuviera, -se
estarías	está	estés	estuvieras, -ses
estaría	esté	esté	estuviera, -se
estaríamos	estemos	estemos	estuviéramos, -semos
estaríais	estad	estéis	estuvierais, -seis
estarían	estén	estén	estuvieran, -sen
habría		haya	hubiera, -se
habrías	habe	hayas	hubieras, -ses
habría	haya	haya	hubiera, -se
habríamos	hayamos	hayamos	hubiéramos, -semos
habríais	habed	hayáis	hubierais, -seis
habrían	hayan	hayan	hubieran, -sen
haría		haga	hiciera, -se
harías	haz	hagas	hicieras, -ses
haría	haga	haga	hiciera, -se
haríamos	hagamos	hagamos	hiciéramos, -semos
haríais	haced	hagáis	hicierais, -seis
harían	hagan	hagan	hicieran, -sen
iría		vaya	fuera, -se
irías	ve	vayas	fueras, -ses
iría	vaya	vaya	fuera, -se
iríamos	vayamos	vayamos	fuéramos, -semos
iríais	id	vayáis	fuerais, -seis
irían	vayan	vayan	fueran, -sen
jugaría		juegue	jugara, -se
jugarías	juega	juegues	jugaras, -ses
jugaría	juegue	juegue	jugara, -se
jugaríamos	juguemos	juguemos	jugáramos, -semos
jugaríais	jugad	juguéis	jugarais, -seis
jugarían	jueguen	jueguen	jugaran, -sen
llovería		llueva	lloviera, -se
mostraría		muestre	mostrara, -se
mostrarías	muestra	muestres	mostraras, -ses
mostraría	muestre	muestre	mostrara, -se
mostraríamos	mostremos	mostremos	mostráramos, -semos
mostraríais	mostrad	mostréis	mostrarais, -seis
mostrarían	muestren	muestren	mostraran, -sen

INDICATIVO

Infinitivo	Participios	Presente	Pretérito	Imperfecto	Futuro
mover	moviendo movido	muevo mueves mueve movemos movéis mueven	moví moviste movió movimos movisteis movieron	movía movías movía movíamos movíais movían	moveré moverás moverá moveremos moveréis moverán
nacer	naciendo nacido	nazco naces nace nacemos nacéis nacen	nací naciste nació nacimos nacisteis nacieron	nacía nacías nacía nacíamos nacíais nacían	naceré nacerás nacerá naceremos naceréis nacerán
negar	negando negado	niego niegas niega negamos negáis niegan	negué negaste negó negamos negasteis negaron	negaba negabas negaba negábamos negabais negaban	negaré negarás negará negaremos negaréis negarán
oír	oyendo oído	oigo oyes oye oímos oís oyen	oí oíste oyó oímos oísteis oyeron	oía oías oía oíamos oíais oían	oiré oirás oirá oiremos oiréis oirán
oler	oliendo olido	huelo hueles huele olemos oléis huelen	olí oliste olió olimos olisteis olieron	olía olías olía olíamos olíais olían	oleré olerás olerá oleremos oleréis olerán
pedir	pidiendo pedido	pido pides pide pedimos pedís piden	pedí pediste pidió pedimos pedisteis pidieron	pedía pedías pedía pedíamos pedíais pedían	pediré pedirás pedirá pediremos pediréis pedirán
pensar	pensando pensado	pienso piensas piensa pensamos pensáis piensan	pensé pensaste pensó pensamos pensasteis pensaron	pensaba pensabas pensaba pensábamos pensabais pensaban	pensaré pensarás pensará pensaremos pensaréis pensarán

SUBJUNTIVO

Condicional	Imperativo	Presente	Imperfecto
movería		mueva	moviera, -se
moverías	mueve	muevas	movieras, -ses
movería	mueva	mueva	moviera, -se
moveríamos	movamos	movamos	moviéramos, -semos
moveríais	moved	mováis	movierais, -seis
moverían	muevan	muevan	movieran, -sen
nacería		nazca	naciera, -se
nacerías	nace	nazcas	nacieras, -ses
nacería	nazca	nazca	naciera, -se
naceríamos	nazcamos	nazcamos	naciéramos, -semos
naceríais	naced	nazcáis	nacierais, -seis
nacerían	nazcan	nazcan	nacieran, -sen
negaría		niegue	negara, -se
negarías	niega	niegues	negaras, -ses
negaría	niegue	niegue	negara, -se
negaríamos	neguemos	neguemos	negáramos, -semos
negaríais	negad	neguéis	negarais, -seis
negarían	nieguen	nieguen	negaran, -sen
oiría		oiga	oyera, -se
oirías	oye	oigas	oyeras, -ses
oiría	oiga	oiga	oyera, -se
oiríamos	oigamos	oigamos	oyéramos, -semos
oiríais	oíd	oigáis	oyerais, -seis
oirían	oigan	oigan	oyeran, -sen
olería		huela	oliera, -se
olerías	huele	huelas	olieras, -ses
olería	huela	huela	oliera, -se
oleríamos	olamos	olamos	oliéramos, -semos
oleríais	oled	oláis	olierais, -seis
olerían	huelan	huelan	olieran, -sen
pediría		pida	pidiera, -se
pedirías	pide	pidas	pidieras, -ses
pediría	pida	pida	pidiera, -se
pediríamos	pidamos	pidamos	pidiéramos, -semos
pediríais	pedid	pidáis	pidierais, -seis
pedirían	pidan	pidan	pidieran, -sen
pensaría		piense	pensara, -se
pensarías	piensa	pienses	pensaras, -ses
pensaría	piense	piense	pensara, -se
pensaríamos	pensemos	pensemos	pensáramos, -semos
pensaríais	pensad	penséis	pensarais, -seis
pensarían	piensen	piensen	pensaran, -sen

INDICATIVO

Infinitivo	Participios	Presente	Pretérito	Imperfecto	Futuro
poder	pudiendo podido	puedo puedes puede podemos podéis pueden	pude pudiste pudo pudimos pudisteis pudieron	podía podías podía podíamos podíais podían	podré podrás podrá podremos podréis podrán
poner	poniendo puesto	pongo pones pone ponemos ponéis ponen	puse pusiste puso pusimos pusisteis pusieron	ponía ponías ponía poníamos poníais ponían	pondré pondrás pondrá pondremos pondréis pondrán
querer	queriendo querido	quiero quieres quiere queremos queréis quieren	quise quisiste quiso quisimos quisisteis quisieron	quería querías quería queríamos queríais querían	querré querrás querrá querremos querréis querrán
recordar	recordando recordado	recuerdo recuerdas recuerda recordamos recordáis recuerdan	recordé recordaste recordó recordamos recordasteis recordaron	recordaba recordabas recordaba recordábamos recordabais recordaban	recordaré recordarás recordará recordaremos recordaréis recordarán
reír	riendo reído	río ríes ríe reímos reís ríen	reí reíste rió reímos reísteis rieron	reía reías reía reíamos reíais reían	reiré reirás reirá reiremos reiréis reirán
reñir	riñendo reñido	riño riñes riñe reñimos reñís riñen	reñí reñiste riñó reñimos reñisteis riñeron	reñía reñías reñía reñíamos reñíais reñían	reñiré reñirás reñirá reñiremos reñiréis reñirán
saber	sabiendo sabido	sé sabes sabe sabemos sabéis saben	supe supiste supo supimos supisteis supieron	sabía sabías sabía sabíamos sabíais sabían	sabré sabrás sabrá sabremos sabréis sabrán

SUBJUNTIVO

Condicional	Imperativo	Presente	Imperfecto
podría		pueda	pudiera, -se
podrías	puede	puedas	pudieras, -ses
podría	pueda	pueda	pudiera, -se
podríamos	podamos	podamos	pudiéramos, -semos
podríais	poded	podáis	pudierais, -seis
podrían	puedan	puedan	pudieran, -sen
pondría		ponga	pusiera, -se
pondrías	pon	pongas	pusieras, -ses
pondría	ponga	ponga	pusiera, -se
pondríamos	pongamos	pongamos	pusiéramos, -semos
pondríais	poned	pongáis	pusierais, -seis
pondrían	pongan	pongan	pusieran, -sen
querría		quiera	quisiera, -se
querrías	quiere	quieras	quisieras, -ses
querría	quiera	quiera	quisiera, -se
querríamos	queramos	queramos	quisiéramos, -semos
querríais	quered	queráis	quisierais, -seis
querrían	quieran	quieran	quisieran, -sen
recordaría		recuerde	recordara, -se
recordarías	recuerda	recuerdes	recordaras, -ses
recordaría	recuerde	recuerde	recordara, -se
recordaríamos	recordemos	recordemos	recordáramos, -semos
recordaríais	recordad	recordéis	recordarais, -seis
recordarían	recuerden	recuerden	recordaran, -sen
reiría		ría	riera, -se
reirías	ríe	rías	rieras, -ses
reiría	ría	ría	riera, -se
reiríamos	riamos	riamos	riéramos, -semos
reiríais	reíd	riáis	rierais, -seis
reirían	rían	rían	rieran, -sen
reñiría		riña	riñera, -se
reñirías	riñe	riñas	riñeras, -ses
reñiría	riña	riña	riñera, -se
reñiríamos	riñamos	riñamos	riñéramos, -semos
reñiríais	reñid	riñáis	riñerais, -seis
reñirían	riñan	riñan	riñeran, -sen
sabría		sepa	supiera, -se
sabrías	sabe	sepas	supieras, -ses
sabría	sepa	sepa	supiera, -se
sabríamos	sepamos	sepamos	supiéramos, -semos
sabríais	sabed	sepáis	supierais, -seis
sabrían	sepan	sepan	supieran, -sen

INDICATIVO

Infinitivo	Participios	Presente	Pretérito	Imperfecto	Futuro
salir	saliendo salido	salgo sales sale salimos salís salen	salí saliste salió salimos salisteis salieron	salía salías salía salíamos salíais salían	saldré saldrás saldrá saldremos saldréis saldrán
seguir	siguiendo seguido	sigo sigues sigue seguimos seguís siguen	seguí seguiste siguió seguimos seguisteis siguieron	seguía seguías seguía seguíamos seguíais seguían	seguiré seguirás seguirá seguiremos seguiréis seguirán
sentarse	sentándose sentado	me siento te sientas se sienta nos sentamos os sentáis se sientan	me senté te sentaste se sentó nos sentamos os sentasteis se sentaron	me sentaba te sentabas se sentaba nos sentábamos os sentabais se sentaban	me sentaré te sentarás se sentará nos sentaremos os sentaréis se sentarán
sentir	sintiendo sentido	siento sientes siente sentimos sentís sienten	sentí sentiste sintió sentimos sentisteis sintieron	sentía sentías sentía sentíamos sentíais sentían	sentiré sentirás sentirá sentiremos sentiréis sentirán
ser	siendo sido	soy eres es somos sois son	fui fuiste fue fuimos fuisteis fueron	era eras era éramos erais eran	seré serás será seremos seréis serán
servir	sirviendo servido	sirvo sirves sirve servimos servís sirven	serví serviste sirvió servimos servisteis sirvieron	servía servías servía servíamos servíais servían	serviré servirás servirá serviremos serviréis servirán
soler	solido	suelo sueles suele solemos soléis suelen		solía solías solía solíamos solíais solían	

SUBJUNTIVO

Condicional	Imperativo	Presente	Imperfecto
saldría		salga	saliera, -se
saldrías	sal	salgas	salieras, -ses
saldría	salga	salga	saliera, -se
saldríamos	salgamos	salgamos	saliéramos, -semos
saldríais	salid	salgáis	salierais, -seis
saldrían	salgan	salgan	salieran, -sen
seguiría		siga	siguiera, -se
seguirías	sigue	sigas	siguieras, -ses
seguiría	siga	siga	siguiera, -se
seguiríamos	sigamos	sigamos	siguiéramos, -semos
seguiríais	seguid	sigáis	siguierais, -seis
seguirían	sigan	sigan	siguieran, -sen
me sentaría		me siente	me sentara, -se
te sentarías	siéntate	te sientes	te sentaras, -ses
se sentaría	siéntese	se siente	se sentara, -se
nos sentaríamos	sentémonos	nos sentemos	nos sentáramos, -semos
os sentaríais	sentaos	os sentéis	os sentarais, -seis
se sentarían	siéntense	se sienten	se sentaran, -sen
sentiría		sienta	sintiera, -se
sentirías	siente	sientas	sintieras, -ses
sentiría	sienta	sienta	sintiera, -se
sentiríamos	sintamos	sintamos	sintiéramos, -semos
sentiríais	sentid	sintáis	sintierais, -seis
sentirían	sientan	sientan	sintieran, -sen
sería		sea	fuera, -se
serías	sé	seas	fueras, -ses
sería	sea	sea	fuera, -se
seríamos	seamos	seamos	fuéramos, -semos
seríais	sed	seáis	fuerais, -seis
serían	sean	sean	fueran, -sen
serviría		sirva	sirviera, -se
servirías	sirve	sirvas	sirvieras, -ses
serviría	sirva	sirva	sirviera, -se
serviríamos	sirvamos	sirvamos	sirviéramos, -semos
serviríais	servid	sirváis	sirvierais, -seis
servirían	sirvan	sirvan	sirvieran, -sen
		suela	soliera, -se
		suelas	solieras, -ses
		suela	soliera, -se
		solamos	soliéramos, -semos
		soláis	solierais, -seis
		suelan	solieran, -sen

INDICATIVO

Infinitivo	Participios	Presente	Pretérito	Imperfecto	Futuro
soñar	soñando soñado	sueño sueñas sueña soñamos soñáis sueñan	soñé soñaste soñó soñamos soñasteis soñaron	soñaba soñabas soñaba soñábamos soñabais soñaban	soñaré soñarás soñará soñaremos soñaréis soñarán
tener	teniendo tenido	tengo tienes tiene tenemos tenéis tienen	tuve tuviste tuvo tuvimos tuvisteis tuvieron	tenía tenías tenía teníamos teníais tenían	tendré tendrás tendrá tendremos tendréis tendrán
traer	trayendo traído	traigo traes trae traemos traéis traen	traje trajiste trajo trajimos trajisteis trajeron	traía traías traía traíamos traíais traían	traeré traerás traerá traeremos traeréis traerán
valer	valiendo valido	valgo vales vale valemos valéis valen	valí valiste valió valimos valisteis valieron	valía valías valía valíamos valíais valían	valdré valdrás valdrá valdremos valdréis valdrán
venir	viniendo venido	vengo vienes viene venimos venís vienen	vine viniste vino vinimos vinisteis vinieron	venía venías venía veníamos veníais venían	vendré vendrás vendrá vendremos vendréis vendrán
ver	viendo visto	veo ves ve vemos veis ven	vi viste vio vimos visteis vieron	veía veías veía veíamos veíais veían	veré verás verá veremos veréis verán
vestir	vistiendo vestido	visto vistes viste vestimos vestís visten	vestí vestiste vistió vestimos vestisteis vistieron	vestía vestías vestía vestíamos vestíais vestían	vestiré vestirás vestirá vestiremos vestiréis vestirán
volver	volviendo vuelto	vuelvo vuelves vuelve volvemos volvéis vuelven	volví volviste volvió volvimos volvisteis volvieron	volvía volvías volvía volvíamos volvíais volvían	volveré volverás volverá volveremos volveréis volverán

SUBJUNTIVO

Condicional	Imperativo	Presente	Imperfecto
soñaría		sueñe	soñara, -se
soñarías	sueña	sueñes	soñaras, -ses
soñaría	sueñe	sueñe	soñara, -se
soñaríamos	soñemos	soñemos	soñáramos, -semos
soñaríais	soñad	soñéis	soñarais, -seis
soñarían	sueñen	sueñen	soñaran, -sen
tendría		tenga	tuviera, -se
tendrías	ten	tengas	tuvieras, -ses
tendría	tenga	tenga	tuviera, -se
tendríamos	tengamos	tengamos	tuviéramos, -semos
tendríais	tened	tengáis	tuvierais, -seis
tendrían	tengan	tengan	tuvieran, -sen
traería		traiga	trajera, -se
traerías	trae	traigas	trajeras, -ses
traería	traiga	traiga	trajera, -se
traeríamos	traigamos	traigamos	trajéramos, -semos
traeríais	traed	traigáis	trajerais, -seis
traerían	traigan	traigan	trajeran, -sen
valdría		valga	valiera, -se
valdrías	vale	valgas	valieras, -ses
valdría	valga	valga	valiera, -se
valdríamos	valgamos	valgamos	valiéramos, -semos
valdríais	valed	valgáis	valierais, -seis
valdrían	valgan	valgan	valieran, -sen
vendría		venga	viniera, -se
vendrías	ven	vengas	vinieras, -ses
vendría	venga	venga	viniera, -se
vendríamos	vengamos	vengamos	viniéramos, -semos
vendríais	venid	vengáis	vinierais, -seis
vendrían	vengan	vengan	vinieran, -sen
vería		vea	viera, -se
verías	ve	veas	vieras, -ses
vería	vea	vea	viera, -se
veríamos	veamos	veamos	viéramos, -semos
veríais	ved	veáis	vierais, -seis
verían	vean	vean	vieran, -sen
vestiría		vista	vistiera, -se
vestirías	viste	vistas	vistieras, -ses
vestiría	vista	vista	vistiera, -se
vestiríamos	vistamos	vistamos	vistiéramos, -semos
vestiríais	vestid	vistáis	vistierais, -seis
vestirían	vistan	vistan	vistieran, -sen
volvería		vuelva	volviera, -se
volverías	vuelve	vuelvas	volvieras, -ses
volvería	vuelva	vuelva	volviera, -se
volveríamos	volvamos	volvamos	volviéramos, -semos
volveríais	volved	volváis	volvierais, -seis
volverían	vuelvan	vuelvan	volvieran, -sen

Primera Lección

Ejercicio de reflexión (pág. 2)

1. voy	5. tengo	9. destruyen
2. empieza	6. esperan	10. nieva
3. Leéis	7. hago	
4. se despierta	8. Te aburres	

Ejercicios de comprobación (págs. 4, 5, 6)

A.
1. Nosotros nos despertamos.
2. Ellas se peinan.
3. Vosotros dormís.
4. Nosotros volvemos.
5. Uds. piden.
6. Nosotros negamos.
7. Ellos conocen.
8. Nosotros tejemos.
9. Ellas suelen correr.
10. Vosotros os laváis.
11. Nosotros nos quejamos.
12. Ellos piensan.
13. Nosotros empezamos.
14. Vosotros traducís.
15. Nosotros solemos estudiar.
16. Vosotros construís.
17. Ellas se acuestan.
18. Nosotros escogemos.
19. Uds. se visten.
20. Nosotros hemos de seguir.

B.
1. Yo comienzo.
2. Tú diriges.
3. Él se acuerda.
4. Yo me visto.
5. Ella consigue.
6. Tú te enamoras.
7. Tú llegas.
8. Ella es.
9. Él suele cantar.
10. Yo traduzco.

C.
1. Sí, (María) prepara la comida.
2. Sí, (ellos) se pasean por el campo.
3. Sí, toco el piano.
4. Sí, (él) devuelve el coche al vendedor.
5. Sí, (nosotros) nos acostamos temprano.
6. Sí, buscamos al perro.
7. Sí, suelo ir al cine los sábados.
8. Sí, (ellas) se ven con frecuencia.
9. Sí, conozco a todos mis compañeros de clase.
10. Sí, dirijo el coro.

CH.
1. solemos
2. es
3. nieva
4. estamos
5. Está
6. hacéis
7. me despierto
8. se cansa
9. nos burlamos
10. me acuesto, me duermo
11. tengo, siento
12. persigue
13. llueve
14. me aburro
15. Hace

D.   1.–4. Respuestas originales.

Ejercicio de reflexión (págs. 6, 7)

1. son
2. está
3. son
4. Es
5. estás
6. estamos, es (está)
7. está
8. es
9. estamos
10. estar

Ejercicios de comprobación (págs. 10, 11)

A.
1. es, Son
2. es
3. Es, es
4. son (están)
5. son
6. está
7. es
8. está
9. está
10. es
11. Es
12. Es
13. estoy
14. es
15. está
16. es, estamos
17. está
18. es
19. es
20. está

B. 1.-15. Respuestas originales.

C. 1.-10. Respuestas originales.

CH. 1.-10. Respuestas originales.

Ejercicio de reflexión (pág. 12)

1. pidiendo
2. lloviendo
3. durmiendo
4. repitiendo
5. trotando
6. sirviendo
7. riendo
8. creyendo
9. elogiando
10. gruñendo

Ejercicios de comprobación (págs. 13, 14)

A.
1. sigue dando
2. viene cantando
3. Escuchando
4. están durmiendo
5. estoy divirtiendo
6. estás tomando
7. siguen pidiendo
8. estás estudiando
9. estás vistiendo
10. sigue buscando
11. está riñendo
12. Cuidando
13. repitiendo
14. están entrevistando
15. estamos comiendo

B.
1. El camarero nos *está sirviendo* las bebidas.
2. Nosotros *estamos leyendo* las noticias.
3. ¿Qué *estáis haciendo* allí en la calle?
4. Yo le *estoy diciendo* la verdad.
5. Tú *estás riendo* constantemente.
6. El enfermo *está muriéndose* de cáncer.
7. Todavía *está lloviendo*.
8. Los dos *están jugando* con la arena.
9. No *están sintiendo* el efecto de la contaminación.
10. El policía *está poniendo* multas.

C. Respuestas originales.

Ejercicio de reflexión (pág. 15)

1. trasladado
2. informada
3. perdidos
4. visto
5. dormido
6. roto
7. traído
8. muerta
9. cubierta
10. pensado

Ejercicios de comprobación (pág. 17)

A.
1. oído
2. fritas
3. hecho
4. leído
5. animada
6. abiertas
7. puesto
8. sentados
9. escrito
10. muerto
11. despiertos
12. rota
13. dicho
14. cubierta
15. resueltos, estudiado
16. descalzos
17. confesado
18. vacías
19. despierto
20. extendido

B. 1.–4. Respuestas originales.

C. 1.–4. Respuestas originales.

Ejercicio de reflexión (pág. 18)

1. La puerta *es cerrada* por el niño.
2. El famoso cuadro "Guernica" *es explicado* por el guía.
3. Nuestro territorio *es invadido* por las tropas enemigas.
4. La exposición de Nueva York *es vista* por millones de personas.
5. Los refranes *son repetidos* por los viejos.

Ejercicios de comprobación (págs. 19, 20)

A.
1. En México, *se preparan* las tortillas con maíz.
2. Los adjetivos de nacionalidad *se escriben* con letra minúscula.
3. En España *se fríe* el pescado en aceite de oliva.
4. En los restaurantes *se sirve* pan con las comidas.
5. En esta clase *se exige* una preparación meticulosa.

B.
1. Un buen cocinero *prepara* la comida.
2. *Discuten* los problemas.
3. La tempestad *destruye* la cosecha.
4. Millones de turistas *invaden* la costa cada año.
5. Los universitarios *frecuentan* los mesones.
6. El primer ministro *nombra* al embajador.
7. La niña *cuida* al perrito.
8. Todos *temen* a los terroristas.
9. La Academia del Cine *premia* a los buenos actores.
10. El público *reconoce* al atleta.

Ejercicio de reflexión (pág. 20)

1. Vengan
2. olvides
3. Salid
4. se acuesten
5. Saque
6. te quedes
7. Levántense
8. vayamos
9. Marchaos
10. te equivoques

Ejercicios de comprobación (págs. 23, 24)

A.
1. *¡Escucha* bien!
2. *¡Dime* la verdad!
3. *¡Vaya* a la biblioteca para estudiar!
4. *¡Démosle* el dinero a él!
5. *¡Salid* ahora!
6. *¡Pónganlo* en la mesa!
7. *¡Empieza* el proyecto hoy!
8. *¡Seguid* mi ejemplo!
9. *¡Duerme* en el sofá!
10. *¡Conduzcan* con cuidado!

B. 1. *No comáis* el pan.
    2. *No busques* tus llaves.
    3. *No vayas* a la oficina del director.
    4. *No nos bañemos* en el Mediterráneo.
    5. *No lo hagas* para él.
    6. *No traigáis* la merienda.
    7. *No me dé* Ud. su carnet de conducir.
    8. *No se diviertan* Uds. en el banquete.
    9. *No me lo devuelvas* mañana.
   10. *No crucemos* la calle en la esquina.

C. 1. Siéntese   5. Pagad   9. Ven
    2. ten   6. pierdan   10. Manténganse
    3. lleguen   7. Diga   11. Cállense
    4. Salgamos   8. acostaos   12. os vayáis

CH. a.–b. Respuestas originales.

Ejercicios de repaso (págs. 24, 25, 26, 27)
A. 1. conozco, conduzco   7. cuchichean   13. consentimos
    2. valen   8. calienta   14. corrige
    3. sois   9. Huele, llevo   15. es, se enoja
    4. sé   10. Te acuerdas   16. acude
    5. traen   11. ladra, muerde   17. se enferma, come
    6. se cae, se hace   12. piensan

B. 1. Apaguen   6. tropiece   11. os mováis
    2. Aprovecha   7. Almorcemos   12. Cancelen
    3. te acuestes   8. Escoja   13. pises
    4. abróchense, fumen 9. desaparezcas   14. Practiquemos
    5. Coloquen   10. distribuya   15. Produzcamos

C. 1. Muchas novelas *son escritas* por Miguel Ángel Asturias.
    2. Los poemas *son leídos* por la poetisa.
    3. Las frutas *son exportadas* por España e Italia.

CH. 1. Muchos barcos *cruzan* el Océano Pacífico.
    2. El policía *detiene* la circulación.
    3. El encargado *estaciona* los coches en el garaje.

D. 1. *Se habla* portugués en el Brasil.
    2. *Se comen* muchos frijoles en México.
    3. *Se exporta* mucha carne en la Argentina.

E. 1. están   6. son   11. es
    2. está   7. Es   12. Son, están (estamos)
    3. Es   8. está   13. es, está
    4. es   9. está   14. es, es
    5. es   10. están   15. están, están

F.
1. he	17. oye	33. te acuestes
2. faltado	18. ve	34. come
3. recuerdo	19. estudia	35. conduce
4. me veo	20. tienen	36. ten
5. jugando	21. ganar/ganando	37. apreciamos
6. corriendo	22. ser/siendo	38. tenemos
7. aprendiendo	23. derrota	39. debemos
8. viajando	24. enamorándose (enamorarse)	40. quiere
9. divirtiéndome	25. sufren	41. recibimos
10. viendo	26. suspenden	42. podemos
11. tengo	27. son	43. Hay
12. pienso	28. sienten	44. ofrece
13. podemos	29. dicen	45. hemos
14. conoce	30. es	46. disfrutando
15. charla	31. imponen	47. dice
16. sale	32. repiten	

Segunda Lección

Ejercicio de reflexión (pág. 28)

1. he	4. hemos	7. han	10. ha
2. has	5. ha	8. hemos	
3. ha	6. hemos	9. Habéis	

Ejercicios de comprobación (pág. 30)

1. ha	4. Has	7. ha	10. habéis
2. han	5. ha	8. ha	
3. he	6. hemos	9. han	

Ejercicio de reflexión (pág. 30)

1. almorcé	5. se cayó	8. estuvisteis
2. anduvimos	6. di	9. quisieron
3. averiguaste	7. dijo	10. vine
4. buscó		

Ejercicios de comprobación (págs. 33, 34)

A.
1. fuiste	6. siguieron	11. hicieron	16. leyeron
2. huyó	7. comencé	12. rieron	17. cupo
3. pudimos	8. tuvisteis	13. trajisteis	18. eligieron
4. supieron	9. creíste	14. vinieron	19. gruñó
5. jugué	10. oísteis	15. tradujimos	20. toqué

B.   Las respuestas variarán. Respuestas posibles:
1. Sí, *busqué* el periódico.
2. *Elegimos* al presidente.
3. Sí, el vino *cupo* en el porrón.
4. *Me caí* en la calle.
5. *Vine* tarde.
6. Sí, Uds. *pudieron* hacerlo.
7. Sí, *hice* el trabajo.
8. Sí, *seguí* al criminal.
9. Sí, *oímos* las noticias.
10. *Jugué* ayer por la tarde.

C.
1. hiciste
2. se tiró, se ahogó
3. dieron
4. fui, estuve
5. se acostó, durmió
6. pidió
7. atacaron, murieron
8. entré, me senté
9. Entendiste
10. consiguió
11. fue, se divirtió
12. dijo, mintió
13. leyó, repitió
14. sirvió
15. me levanté, me vestí, corrí

Ejercicio de reflexión (pág. 34)
1. quería
2. te acostabas
3. iba
4. éramos
5. pedíais
6. se divertían
7. solía

Ejercicios de comprobación (págs. 37, 38)
A.
1. trabajaba, contaba
2. empezaba, llegaron
3. conducía, vi
4. se empeñaba
5. asistieron (asistimos)
6. Eran, aterrizó
7. salíamos, desayunábamos
8. prestaba
9. vivías, tenías, eran

B. se reunieron; se conocieron; estaban; esperaban; Llegó; se despidieron; Hacía; aterrizó; subieron; iba; estaba; había; podían; estaba; atropelló; supieron; estaba; se sintió; bajó; dijo

C. Era; había; se alegraba; estaba; se encontraba; subió; se abrió; entró; se dirigió; estaba; Abrió; cubría; dio; se despertó; terminó; se marchó; explicó; era

Ejercicio de reflexión (pág. 35)
1. habían hecho
2. se había desmayado
3. habíamos conocido
4. habías dicho
5. había dejado

Ejercicios de comprobación (págs. 39, 40)
A.
1. os habíais expresado
2. había engañado
3. había escrito
4. habían comido
5. habían indicado
6. había puesto

B.
1. me había despedido
2. había terminado
3. Habíamos puesto
4. habíamos creído
5. habíais entrado
6. habían venido
7. había pedido
8. se habían reído
9. había abierto
10. habían hecho

C.
1. había dejado
2. habían devuelto
3. había dicho
4. había sonado

Ejercicios de comprobación (pág. 40)
1. El automóvil *fue reparado* por el mecánico.
2. Los refranes *eran repetidos* por los alumnos.
3. La máquina *había sido revisada* por el inspector.
4. Los platos *han sido fregados* por la muchacha.

Ejercicios de repaso (págs. 40, 41, 42, 43, 44)
A. hicieron; Salieron; hacía; notaron; se pusieron; Pasaron; partieron; iban; recibieron; llevaron; fueron; costó; terminó; volvieron; sentían; decidieron; iban

B.
1. viví
2. condujo
3. se casaron
4. cupe
5. hizo
6. leímos
7. saqué
8. estuvo
9. sirvió
10. huyeron
11. empecé
12. Supieron
13. fuimos
14. puso
15. dio

C. 1. andábamos   4. era   7. jugabais   10. Querías
    2. tenía   5. nos levantábamos   8. estaba
    3. escribías   6. se veían   9. íbamos

CH. 1. he venido; había venido   6. han abierto; habían abierto
    2. ha dicho; había dicho   7. he oído; había oído
    3. hemos leído; habíamos leído   8. nos hemos divertido; nos habíamos divertido
    4. te has levantado; te habías levantado   9. Has traído; Habías traído
    5. habéis vivido; habíais vivido   10. se han puesto; se habían puesto

D. 1. El proyecto *será terminado* por Ángela.
    2. El paciente *fue ayudado* por la enfermera.
    3. La casa de Jaime *fue invadida* por las orugas.
    4. Una casa *fue diseñada* por el arquitecto.
    5. Varias películas premiadas en los festivales de cine *han sido dirigidas* por Saura.

E. 1. llueve   6. sentarte   11. prefieren
    2. cierro   7. di   12. vemos
    3. anduvimos   8. entraron   13. es
    4. era, iba   9. acostarnos   14. hizo
    5. escrito   10. vuelto   15. leyendo

F. 1. estaban siguiendo
    2. estaba leyendo
    3. me estaban pidiendo (estaban pidiéndome)
    4. estaba repitiendo
    5. estaban cayendo, estaban destruyendo

G. 1. estaban _____   5. jugué _____   9. era _____
    2. tocaba _____   6. vivían _____   10. leía _____
    3. querían _____   7. visitaron _____
    4. fuimos _____   8. hacíais _____

H. éramos; vivía; obligó; había; pareció (parecía); fue; duró; aterrizó; tenía; estaban; residían; habían; hicieron; habían; querían; iba; eran; contestaron; pidieron; empezó

I. 1.–5. Respuestas originales.

Tercera Lección

Ejercicio de reflexión (pág. 45)
    1. volveré   5. escribiréis   8. tendrá
    2. recibiremos   6. estarán (estaremos)   9. querrá
    3. enseñará   7. Llegarás   10. nos sentaremos
    4. irán

Ejercicios de comprobación (pág. 46)
    1. seguirán   5. valdrá   9. querrá
    2. tendrá   6. saldréis   10. habrá
    3. nos olvidaremos   7. satisfará
    4. se perderán   8. dirán

Ejercicios de comprobación (págs. 46, 47)

A.
1. va	3. vas	5. van
2. van	4. van	6. va

7. voy	9. vamos
8. Vais	10. van

B.
1. van a jugar
2. haremos
3. va a estudiar
4. empezarán
5. vivirán
6. vas a enfermarte (te vas a enfermar)
7. va a sonar
8. voy a ahorrar
9. vas a acordarte (te vas a acordar)
10. voy a quejarme (me voy a quejar)

Ejercicios de comprobación (pág. 48)

A.
1. harán
2. saldrá
3. se apoderarán
4. descubrirás
5. Nevará
6. estaré
7. bajarán
8. Vendrá
9. será
10. se despedirá

B.
1. dirá
2. Hará
3. me pondré
4. daremos
5. examinarán
6. pasarán
7. Jugaréis
8. me quitaré
9. venderá
10. Podrás

Ejercicio de reflexión (pág. 49)

1. habré
2. habrás
3. habrá
4. habréis
5. habremos
6. habrán
7. habremos
8. habréis
9. habrá
10. habrán

Ejercicios de comprobación (págs. 50, 51)

A.
1. habrá huido
2. se habrá caído
3. se habrán vestido
4. habré hecho
5. habrás vuelto
6. habrán escrito
7. nos habremos acostado
8. habréis aprendido
9. habrá averiguado
10. habremos elegido

B.
1. habrás ido	2. habré pelado	3. habremos hecho	4. se habrán lavado
habrás hecho	habré batido	nos habremos despedido	se habrán cepillado
habrás organizado	habré sacado	habremos sacado	se habrán puesto
habrás escrito	habré frito	habremos comprado	habrán dicho

C. 1.–5. Respuestas originales.

Ejercicio de reflexión (págs. 51, 52)

1. tendría
2. pensaríamos
3. Saldrías
4. ayudarían
5. dejarían
6. estaría
7. Habría
8. haría
9. mandarían
10. gustaría
11. harías
12. podría
13. querríamos
14. me divertiría
15. Serían

Ejercicios de comprobación (pág. 53)

1. haría
2. volverían
3. iría
4. habría
5. Desearías
6. Podrían
7. invitaríamos
8. me desmayaría
9. Sería
10. diría
11. trataríais
12. tendría
13. anunciaría
14. querría
15. leeríamos

Ejercicio de reflexión (pág. 54)

1. habría compartido
2. habría prestado
3. habrían ayudado
4. habría invadido
5. habrían satisfecho

Ejercicios de comprobación (pág. 55)

A.
1. Habríamos ido
2. Te habrías levantado
3. Habrían vuelto
4. habría venido
5. Se habrían divertido

B.
1. habría dicho
2. habríamos hecho
3. Habrías puesto
4. habrían leído
5. habrían abierto

Ejercicios de repaso (págs. 55, 56, 57, 58, 59)

A.
1. salgo
   a. salimos
   b. salen
   c. sales

2. fuimos
   a. vieron
   b. sirvió
   c. se divirtió

3. se aprovecharán
   a. harán
   b. gozaremos
   c. subirán

4. a. celebrábamos
   b. trataba
   c. tomabas

5. a. sonriendo
   b. haciendo
   c. animando

6. a. ayudaríamos
   b. seguiría
   c. cumpliríais

7. a. irá
   b. tendrán
   c. tendrá

8. a. charlaban
   b. hacía
   c. jugábamos

9. a. respetarían
   b. pagaría
   c. serías

B.
1. se durmió
2. haría
3. habían visto
4. empezaron
5. Llegué
6. despierta
7. fue
8. veía
9. ha hecho
10. Siéntense

C.
1. escrito
2. se olvide
3. discutiendo
4. ponerse
5. Fue, conoció
6. gastado
7. pongáis (pongan)
8. construyeron
9. insistiendo, cometido
10. escaparnos

CH.
1. habías tenido
2. habría creído
3. habremos salido
4. habrías prestado
5. habrá pensado
6. habrán descubierto
7. Habíamos sido
8. han envuelto

D. 1. a. hago (he hecho)
     b. van (han ido)
     c. puedes (has podido)

   2. a. fuimos
     b. hizo
     c. estuve

   3. a. se divirtieron
     b. fuimos
     c. nadaron

   4. a. salía
     b. montaban
     c. veíamos

   5. a. tendrá
     b. vendrá
     c. dirá

E. 1. era
   2. fue
   3. tenía
   4. tuvo
   5. sabíamos
   6. supieron
   7. conocía
   8. conocieron
   9. quería
   10. quisieron
   11. podía
   12. pude

F. 1. sabía
   2. sabía, se ahogó
   3. conocí
   4. tenía
   5. quisimos
   6. tuviste
   7. quiso
   8. supo
   9. conocí
   10. quiso

G. 1. habré
   2. me compraré
   3. prefiero
   4. tengo
   5. podré (puedo)
   6. estarían
   7. tendría
   8. gustaría
   9. pasearé
   10. sería (será)
   11. admirarían (admirarán)
   12. iré
   13. conoceré
   14. encontraré
   15. costará
   16. será
   17. será
   18. nevará
   19. apalearé
   20. me haré

H. 1.–5. Respuestas originales.

I. 1.–10. Respuestas originales.

Cuarta Lección

Ejercicio de reflexión (pág. 60)
   1. estén (estemos; estéis)
   2. haga
   3. escriban
   4. ofrezcan
   5. expliquemos
   6. vayas
   7. tenga
   8. sepas
   9. haya
   10. empiece

Ejercicios de comprobación (pág. 62)
   1. nos divirtamos
   2. estés
   3. almuercen
   4. escoja
   5. choque
   6. sirváis
   7. sepa
   8. oigamos
   9. se acuesten
   10. quepan

Ejercicios de comprobación (págs. 64, 65)
A. 1. pague
   2. gastemos
   3. empiece
   4. están
   5. haga
   6. quepáis
   7. durmamos
   8. vaya
   9. salir
   10. sepas

B. 1. c   7. c   12. a
2. a   8. b   13. c
3. b   9. a   14. b
4. c   10. c   15. c
5. c   11. b   16. c
6. c

C. 1. Mi profesora quiere que nosotros nos portemos bien.
2. Yo me alegro de que Uds. vengan conmigo.
3. Es lástima que no haya comida mexicana en ese restaurante.
4. El arquitecto teme que el puente se caiga.
5. Es verdad que papá vuelve a casa todos los días a la misma hora.

CH. Respuestas originales.

1. vayan   2. estés   3. durmamos
   compren   bailes   salgamos
   tengan   conozcas   preparemos
   lleven   hagas   busquemos

Ejercicios de comprobación (pág. 66)
A. 1. vuelvas   5. hacer   8. traigáis
2. entienda   6. seas   9. viene
3. llegue   7. me canse   10. se despidan
4. crezcan

B. 1.–10. Respuestas originales.

Ejercicios de comprobación (pág. 67)
1. hable   5. sea   8. florezca
2. viva   6. exija   9. haya
3. contenga   7. abuse   10. ose
4. consume

Ejercicios de comprobación (pág. 68)
1. se diviertan   5. sea   8. Sea
2. aterrice   6. os ponéis   9. nieve
3. encuentra   7. haga   10. vinieron
4. pase

Ejercicio de reflexión (pág. 69)
1. hayan   2. hayan   3. haya   4. hayas   5. hayamos

Ejercicios de comprobación (págs. 69–70)
1. se haya acabado   2. hayamos vuelto   3. hayas escrito   4. haya caminado   5. hayan consultado

Ejercicio de reflexión (pág. 70)
1. se divirtiera (se divirtiese)   6. hiciera (hiciese)
2. tradujeras (tradujeses)   7. durmieran (durmiesen)
3. estuviera (estuviese)   8. cupiéramos (cupiésemos)
4. anduviéramos (anduviésemos)   9. siguiera (siguiese)
5. oyerais (oyeseis)   10. supieras (supieses)

Ejercicios de comprobación (pág. 72)

1. vinieran (viniesen)
2. tuviera (tuviese)
3. saliéramos (saliésemos)
4. llegara (llegase)
5. estuvierais (estuvieseis)

6. declarara (declarase)
7. recibieran (recibiesen)
8. hablara (hablase)
9. volviera (volviese)
10. oyera (oyese)

Ejercicio de reflexión (pág. 73)

1. hubiera (hubiese) escapado
2. hubiera (hubiese) hecho
3. hubiera (hubiese) dicho
4. hubieras (hubieses) estado
5. hubiéramos (hubiésemos) asistido

Ejercicio de comprobación (pág. 74)

1. hubiera (-se) tenido
2. hubieran (-sen) dicho
3. hubiéramos (-semos) olvidado

4. hubiera (-se) visto
5. hubieras (-ses) podido

Ejercicios de repaso (págs. 74, 75, 76, 77, 78)

A.
1. vayas
2. corra
3. saliéramos (saliésemos)
4. sepáis (supierais [supieseis])
5. dé

6. vio
7. viniera (viniese)
8. haya
9. cupiéramos (cupiésemos)
10. llueva

B.
1. enseñara (enseñase)
2. sea
3. regresen
4. hubiéramos (hubiésemos)
5. llegar

6. hablaba
7. repitamos
8. haya
9. haga
10. tiene

C.
1. Depende
2. Sí
3. Sí
4. Sí
5. No

6. Sí
7. Sí
8. No
9. Depende
10. Sí

11. Sí
12. Depende
13. Depende
14. Depende
15. Sí

16. Depende
17. Depende
18. Sí
19. No
20. No

CH.
1. volviera (volviese)
2. comimos (habíamos comido)
3. fuera (fuese)
4. diera (diese)

5. miraba (mirara [mirase])
6. sabía
7. vendieras (vendieses)
8. me gradué

9. vinieran (viniesen)
10. tuviéramos (tuviésemos)

D.
1. Susana salió sin que nosotros nos enteráramos (enterésemos).
2. No van a verme hasta que ellos vuelvan.
3. Ojalá (que) todos se diviertan mucho esta noche.
4. No había nada que nos interesara (interesase) en la liquidación.
5. En caso de que llueva, lleve Ud. paraguas.

E. 1. Él estudia cuando tú lees.
    2. Nos quedaremos aquí hasta que ellos lleguen.
    3. Yo no vendría si Uds. no pudieran (pudiesen) acompañarme.
    4. Ellos salieron de la casa sin que nadie los viera.
    5. Aprendimos la lección después de que habíamos estudiado tres horas.
    6. No me permitió hablar a menos que yo hablara (hablase) en español.
    7. Tenían una casa que era grande y bonita.
    8. No saldremos si llueve mañana.
    9. Uds. hablan español como si Uds. fueran (fuesen) de España.
    10. Él nos lo dijo para que nosotros supiéramos (supiésemos) la verdad.

F. 1.–10. Respuestas originales.

G. 1. querían   8. querían   15. permitió
    2. compraran (comprasen)   9. nos alegramos   16. jugaran (jugasen)
    3. tenía   10. hubiera (hubiese)   17. insistimos
    4. debía   11. tenía   18. escogieran (escogiesen)
    5. fuimos   12. llamamos   19. gustara (gustase)
    6. dijo   13. fijamos   20. fue
    7. había   14. estaban   21. vino

H. 1. haré   6. nos veremos
    2. estará   7. se despedirá
    3. tendremos (vamos a tener)   8. vendré
    4. habré   9. diré (voy a decir)
    5. harán (van a hacer)   10. sabremos (vamos a saber)

I. 1. sacaría   5. viajarían   8. habrían
    2. veríamos   6. te levantarías   9. hablaríamos
    3. daríamos   7. iría   10. saldríamos
    4. tendríamos

Quinta Lección

Ejercicio de reflexión (pág. 79)
    1. el   5. la   9. el   13. la
    2. la   6. el   10. la   14. la
    3. la   7. el   11. la   15. el
    4. el   8. las   12. el

Ejercicios de comprobación (págs. 82, 83)
A. 1. la   5. la   9. el   13. el   17. el
    2. el   6. el   10. la   14. la   18. la
    3. el   7. la   11. el   15. el   19. la
    4. el   8. el   12. la   16. la   20. el

B.
1. el, el
2. La, el
3. el, la
4. La, la
5. la, la
6. La, los
7. el, el
8. el, la
9. el
10. la

C.
1. la nuera
2. la emperatriz
3. la madre
4. la artista
5. la testigo
6. la yegua
7. la actriz
8. la reina
9. la esposa
10. la pintora
11. la gallina
12. la pianista
13. la hembra
14. la vaca

Ejercicio de reflexión (pág. 84)
1. El, los
2. El (Un), el
3. Los, las
4. Los, del, el
5. los, el, una
6. La, una
7. Los, del (Unos, un)
8. los
9. El, un
10. el, la, del

Ejercicios de comprobación (pág. 86)
1. La, los
2. Los
3. los
4. el
5. La
6. las
7. El, la
8. El
9. al
10. Lo, las

Ejercicio de reflexión (pág. 88)
1. los matices
2. las manzanas
3. los volcanes
4. unas paredes
5. los corrales
6. las canciones
7. unos hoteles
8. las tesis
9. las trusas
10. los sacapuntas
11. los bueyes
12. unos automóviles
13. los martes
14. los abedules
15. los irlandeses
16. los astronautas
17. los lápices
18. unos planetas
19. los helicópteros
20. las mamás

Ejercicios de comprobación (pág. 90)
1. reyes
2. sofás
3. miércoles
4. dedos
5. pies
6. rascacielos
7. soportales
8. balcones
9. colibríes
10. jueces
11. Ellos
12. bambúes
13. papeles
14. bailarines
15. melocotones

Ejercicios de repaso (págs. 90, 91, 92)
A.
1. un
2. los, del
3. Los, la
4. el, un
5. El, los
6. El, un
7. la, del
8. la, del
9. El
10. del, el
11. un (el), al
12. El
13. La, una (la)
14. el
15. un (el), un (el)

B.
1. –
2. –
3. la
4. La, la, –
5. las
6. los
7. –
8. –
9. –
10. el

C.
1. los; las; el; del; Al; el; al; unos; la; del
2. la; el; la; los; del; el; del; el; los; una
3. la; una; del; un (del); las; la; Una; el; el; Los; un

CH. 1.–5. Respuestas originales.

D. 1. vinieran (viniesen)
    2. vea
    3. consume
    4. fuera (fuese)
    5. se ponga (se pusiera [pusiese])
    6. dejara (dejase)
    7. descanse
    8. hubieran (hubiesen)
    9. asistieran (asistiesen)
    10. escojas
    11. aplazar
    12. puedo (podré)
    13. haya (hubiera [hubiese])
    14. costara (costase)
    15. pudiera (pudiese)

E. 1. interesara (interesase)
    2. fuera (fuese)
    3. supieras (supieses)
    4. van
    5. hubieran (hubiesen)
    6. tuviéramos (tuviésemos)
    7. robara (robase)
    8. me reencarnara (reencarnase)
    9. hubiera (hubiese)
    10. viviéramos (viviésemos)

Sexta Lección

Ejercicio de reflexión (pág. 93)
1. Siempre *los* estamos buscando.
   (Siempre estamos buscándo*los*.)
2. *Nos los* entregaron.
3. *Se los* regalaremos.
4. Por favor, mánde*sela*.
5. ¿*La* conociste en el baile?
6. Pilar, ¡ofréce*selos*!
7. *Lo* tendrán que resolver antes de mañana.
   (Tendrán que resolver*lo* antes de mañana.)
8. El pasajero *se los* contó.
9. Yo ya *la* había comprado.
10. ¿*Los* vais a aprender de memoria?
    (¿Vais a aprender*los* de memoria?)

Ejercicios de comprobación (págs. 95, 96, 97)
A. 1. se lo
    2. la
    3. se la
    4. me los
    5. se la
    6. lo
    7. los
    8. las
    9. se los
    10. lo

B. 1. No los traigas.
    2. No los pongamos sobre el mostrador.
    3. No se las escribas.
    4. No se las preparen.
    5. No se las saques.
    6. No la enciendas.
    7. No las compre.
    8. No la pintemos de ellas.
    9. No os levantéis.
    10. No los preparen para ellos.
        No se los preparen.

Ejercicio de reflexión (pág. 97)
1. me
2. nos
3. se, se
4. os, Os
5. te

Ejercicios de comprobación (pág. 99)
A. me; me; me; me; me; se; nos; me; me; nos

B. 1.-4. Respuestas originales.

Ejercicio de reflexión (pág. 100)
1. Todos van sin *él*.
2. Las dos irán con *ellos*.
3. Isabel y yo estábamos allí con *ellos*.
4. Pensamos ir sin *ellas*.
5. Háblame de *él*.
6. ¿Piensas mucho en *ella*?
7. Las rosas son de *él*.
8. Estuvieron cerca de *ella*.
9. Lo (le) he llamado a *él*.
10. Los muebles no estaban en *él*.

Ejercicios de repaso (págs. 101, 102, 103, 104, 105)
A. 1. Me *lo* van a prestar para este fin de semana.
2. *Lo* toca para animar a su madre.
3. Es necesario ponér*selo*.
4. ¿Vas a ponérte*las* antes de ir?
5. Estaban explicándonos*las* cuando ellos entraron.
6. No *se los* repitáis vosotros.
7. *Se las* tiraron.
8. Vengo a dár*selos*. (*Se los* vengo a dar.)
9. *Lo* vimos cerrándo*las*.
10. El gamberro *lo* atacó en pleno día.
11. ¡Marta, lée*sela*!
12. *Se la* mostró.
13. Los habitantes *las* mantendrán limpias.
14. A él le gusta dárnos*lo*.

B. 1. Hay un recado aquí para *ella*.
2. Enrique entró en el recibidor después de *él* y de *mí* (de *nosotros*).
3. Casi nunca conversaba con *ellos*.
4. ¿Harán el viaje sin *él*?
5. Antes de hacerlo queremos consultarlo con *él*.
6. Los dos salieron de *él* a la vez.
7. No pondrán las toallas mojadas encima de *ellos*.
8. Traen flores para *ella*.
9. ¿Hay algo aquí para *ellas*?
10. Entró en *él* sin *ellas*.

C. 1. contigo 3. Te 5. se 7. le 9. la
2. ella 4. se 6. te lo 8. Os 10. selo

CH. 1. Estaban reflexionando sobre *ellos*.
    2. Ella no puede soportar*la* de *ellos*.
    3. El joven no sabe enfrentarse con *ella*.
    4. Nosotros nos despedimos de *ellos* en el andén.
    5. Ellos *se lo* deben a *ellos*.
    6. ¡Clara, dáme*la*!
    7. *La* izaron en *ella*.
    8. No siga Ud por *él*.
    9. Dijeron que *la* averiguarían.
  10. Nos *la* echaron a nosotros.
  11. *¿Se los* vas a repetir? (¿Vas a repetír*selos*?)
  12. No *se las* expliques *a ellos*.
  13. El prisionero se escapó de *ella*.
  14. *¿Lo* llevarás si hace fresco?
  15. El niño no quiere soltar*lo*. (El niño no *lo* quiere soltar.)
  16. Vamos a dár*sela*. (*Se la* vamos a dar.)
  17. No *las* creáis. (No *se las* creáis.)
  18. No *lo* están cosechando a causa de *ella*. (No están cosechándo*lo* a causa de *ella*.)
  19. Por favor, explíquenos*las*.
  20. No pudieron reconocer*los*. (No *los* pudieron reconocer.)

D.
1. el	7. los	13. el	19. el
2. el	8. la	14. la	20. el
3. la	9. la	15. el	21. la
4. el	10. el	16. el	22. el
5. el	11. la	17. la	23. el
6. al	12. el	18. la	24. la

E.
1. un	5. la	9. El, del	13. las, la
2. los	6. una	10. el, la	14. un
3. el	7. el, un	11. La, del	
4. el, el	8. El, la	12. las	

Séptima Lección

Ejercicio de reflexión (pág. 106)
    1. mi; suyo
    2. tus; míos
    3. su; nuestras
    4. vuestros; suyos
    5. tu; mía

Ejercicio de reflexión (pág. 109)
1. El nuestro	3. la suya	5. El mío	7. la suya
2. Los tuyos	4. La suya	6. las vuestras	8. Los míos

Ejercicios de comprobación (pág. 110)
1. la nuestra	6. al mío	11. la nuestra
2. el mío	7. la nuestra	12. las tuyas
3. tu	8. el suyo	13. tu
4. la suya, la mía	9. la nuestra	14. sus
5. la mía	10. el suyo	15. Nuestros

Ejercicios de reflexión (pág. 111)

A.
1. Estos niños asisten
2. Esta cerveza está fría.
3. Aquellos días
4. ¿Cuál es tu billete, éste o ése?
5. La señora esa no tiene

B.
1. eso
2. aquélla
3. éste
4. éste, aquél
5. éste

Ejercicios de comprobación (págs. 112, 113)

A.
1. El señor ese no tiene nada de paciencia.
2. Esas motocicletas son de mi colega.
3. ¿Cuál es tu pulsera, ésta o ésa?
4. Aquél llegó ayer.
5. Prefiero éstas no aquéllas.

B.
1. Aquel
2. Estas
3. Este, aquella
4. Estos
5. esas
6. Aquellas
7. Esos
8. Este
9. Aquella
10. Esta

C.
1. el
2. ésta
3. las
4. el
5. la (ésta)
6. éste
7. aquéllos
8. aquélla
9. éste
10. Este

CH.
1. su
2. tus
3. nuestros
4. sus
5. mi
6. mis
7. los tuyos
8. sus
9. las suyas
10. los tuyos
11. las suyas
12. Los suyos
13. el mío
14. nuestros

Ejercicios de repaso (págs. 114, 115)

A.
1. Sí, *la* vi.
2. Sí, Laura *lo* quiere relatar.
(Laura quiere relatar*lo*.)
3. Sí, ellos *los* conocen.
4. Sí, *la* vendería.
5. Sí, me *las* dieron.
6. Sí, ellos *los* estaban leyendo.
(Ellos estaban leyéndo*los*.)
7. Sí, *te* comprendo bien.
8. Sí, vamos a tomar*la*.
(*La* vamos a tomar.)
9. Sí, *las* hemos visto.
10. Sí, la maestra *las* escribirá.
11. Sí, *se lo* di.
12. Sí, *las* he visto.
13. Sí, *se la* mandamos.
14. (Él) *me los* quitó.
15. Sí, *lo* está preparando.
(Está preparándo*lo*.)
16. Sí, *nos los* ponemos.
17. Sí, *se la* pediré.
18. No, no nos gusta comer*lo*.
19. No, nunca *me lo* han dado.
20. No, no podemos empezar*lo*.

B.
1. la
2. La, lo (le)
3. me
4. la
5. los
6. la
7. la
8. ella
9. me
10. nos

C.
1. me gusta
2. entiende
3. quiere
4. me ponga
5. me quite
6. vea
7. sabe
8. tengo
9. teme
10. pueda
11. me importa
12. se rían

Octava Lección

Ejercicio de reflexión (pág. 116)

1. Cuántas	4. Qué	7. qué	10. Cuál
2. Cuándo	5. Qué	8. quién	
3. Qué	6. qué	9. Qué	

Ejercicios de comprobación (pág. 118)

1. Qué	5. Cuál	9. dónde
2. Cuándo	6. Adónde	10. Cuál
3. Dónde	7. Para qué	
4. Cuántas	8. Cómo	

Ejercicio de reflexión (pág. 119)

1. Qué 2. Cómo (Cuánto) 3. Cómo (Cuánto) 4. Qué 5. Cómo (Cuánto)

Ejercicios de comprobación (págs. 119, 120)

1. Cómo	4. Qué	7. Cómo	10. Cuán
2. Qué	5. Cuán	8. Qué	
3. Cuánto	6. Qué	9. Qué	

Ejercicios de repaso (págs. 120, 121)

A.
1. Qué	4. cuál	7. Cuál	10. Dónde
2. Para qué	5. Cómo	8. Cuándo	
3. Cuántos	6. Por qué	9. Cómo (Cuánto)	

B.
1. Qué	4. De dónde	7. qué	10. Cuál
2. Por qué	5. Cómo	8. Cuándo	
3. Cuántos	6. Cuánto	9. quiénes (cuántos)	

C.
1. a. Tus	2. a. Las suyas	3. a. Su	4. a. La de él (la suya)
b. Nuestros	b. La vuestras	b. Nuestro	b. La de ella (la suya)
c. Sus	c. Las nuestras	c. Su	c. La tuya
ch. Vuestros	ch. Las tuyas	ch. Tu	ch. La nuestra

CH.
1. ésta	5. ésta, aquélla	9. aquel
2. Esas (Aquellas)	6. Aquellos	10. Esas
3. Eso	7. Esta	
4. Este, aquel	8. Estas	

Novena Lección

Ejercicio de reflexión (pág. 122)

1. que	4. cuyos	7. lo cual (lo que)	10. quienes
2. los cuales	5. quien	8. que	
3. quien	6. cuyo	9. que	

Ejercicios de comprobación (pág. 125)

A.
1. Quien (El que)	6. cuyas	11. cual (que)	16. quien
2. Los que	7. cual (que)	12. cuyas	17. que
3. que	8. cuyo	13. que	18. que
4. cual (que)	9. quien	14. que	19. que
5. lo que	10. cuyos	15. que (el que, el cual)	20. que (el cual)

B.
1. que	5. cual (que)	9. que	13. que (cual)
2. quien	6. que	10. que	14. que
3. cuyas	7. Lo que	11. cuya	15. quien (la [el] que)
4. cuyo	8. lo que	12. quien	

Ejercicios de repaso (págs. 126, 127)

A.
1. Cómo	5. Cómo	9. quién	13. qué
2. quién	6. dónde	10. Cuántos	14. Cuál
3. Adónde	7. cuándo	11. Cuánto, Cómo	15. Cuál
4. qué	8. por qué	12. cuántos	

B.
1. ¿*Cuántas* personas asistieron al estreno de la película?
2. ¿*Adónde* iréis (irán) a pasar las vacaciones?
3. ¿*De qué color* es el vestido nuevo de Juanita?
4. ¿*A qué hora* llegarán vuestros (sus) primos?
5. ¿*Cuál* es su nueva dirección?
6. ¿*A quién* le disteis (dieron) las llaves?
7. ¿*Quiénes* le quitaron el bolso?
8. ¿*Con quiénes* van a la ópera?
9. ¿*Por dónde* conducen en Inglaterra?
10. ¿*Qué* idioma hablan tus (sus) vecinos?

Décima Lección

Ejercicios de reflexión (pág. 129)

A.
1. *Nunca* (*Jamás*) borro la pizarra. (*No* borro *nunca* la pizarra.)
2. *No* entró *nadie* en el cuarto. (*Nadie* entró en el cuarto.)
3. Él *no* sabe *nada* de astronomía.
4. *No* tenemos *ningún* compañero que sea extranjero.
5. Ella *no* tiene *más que* diez dólares.

B.
1. Uno *siempre* sabe cómo va a reaccionar la gente.
2. *Todavía* se baila el cha-cha-chá.
3. *Siempre* compramos fruta tropical.
4. *Algunos* de los estudiantes saben la contestación. (*Todos los estudiantes*)
5. Ellos van a venir *también*.

Ejercicios de comprobación (págs. 133, 134, 135)

A.
1. algo, nada	5. Ningún, ninguna
2. Alguien, nadie	6. nunca (jamás)
3. nunca, siempre	7. tampoco
4. algunos, ninguno (nada)	8. nadie

B.   1. *Todavía no* he cambiado los cheques de viajero.
      2. Ignacio y Rafael son hermanos; *ninguno* es cariñoso.
      3. *No* iremos *ni* a México *ni* a Colombia.
      4. *No* hay *más que* dieciséis alumnos en esta clase.
      5. *No* bebo limonada, *ni tampoco* bebo cerveza.
      6. *No* hay *ningún* banco en el centro.
      7. *Nunca* me acuesto temprano.
      8. Los muchachos *no* estudian matemáticas.
      9. A mí *tampoco* me gusta esquiar.
    10. *Nadie* lleva sus maletas. (*Ninguno*)

C.   1. Nadie.   6. No, nunca.
      2. Nada.   7. No, yo no.
      3. Todavía no.   8. Nunca más. (Jamás)
      4. A mí tampoco.   9. Yo tampoco.
      5. Nadie.   10. Todavía no.

CH.   1. No venden *ninguna* clase de fruta en el mercado.
      2. *Todo el mundo* vino a la exposición de mis cuadros.
      3. Hay *alguien* aquí que sabe hablar sueco.
      4. La catedral no tiene *ninguna* vidriera gótica.
      5. *Ya* han descubierto *una* ciudad sumergida.
      6. No queremos *ni* ir al teatro *ni* escuchar la música.
      7. Ella *todavía no* sabe montar a caballo.
      8. *Nunca* escribo mis deberes por la noche.
      9. *Algunas veces* he ganado la lotería.
    10. *Nadie* debe ser generoso con el prójimo.
    11. *No* me lo contó *nadie* en el vestuario del gimnasio.
    12. Ellos *ni* juegan al tenis *ni* al jai-alai.
    13. *No* recibimos *ninguna* carta de Australia.
    14. Pudimos contestar a *alguna* pregunta. (a algunas preguntas.)
    15. ¿No conoces a *nadie* que hable quechua?

D.   1. increíble   9. deshacer
      2. ineducado   10. infeliz
      3. descuidar   11. inválido
      4. contradecir   12. infrecuente
      5. contraluz   13. inflexible
      6. incapaz   14. desanimarse
      7. antihéroe   15. anticomunista
      8. inútil   16. incorrecto

Ejercicios de repaso (págs. 135, 136)

A.   1. los que (que, los cuales)   6. a quienes   11. lo que
      2. cuyo   7. las que (que, las cuales)   12. del que (el cual)
      3. cuyos   8. la que (lo cual)   13. quien
      4. los que (quienes)   9. que   14. que
      5. que   10. el que (quien)

B.   1. quienes   6. Los que (Quienes)   11. lo que
      2. cuyos   7. cuyas   12. que
      3. que   8. quienes (los que, los cuales)   13. la que (la cual)
      4. que   9. Lo que   14. quienes (los que)
      5. que   10. quienes (los que)

Lección Once

Ejercicio de reflexión (pág. 137)

1. vieja, española
2. interesante
3. alemanas
4. encantadora

5. gran, conocido
6. divertidas
7. aplicados

8. fría
9. difíciles
10. persistente

Ejercicios de comprobación (págs. 141, 142)

A.
1. cien
2. algún
3. quinientas veintiuna
4. San
5. media

6. tercer
7. mejores
8. cualquiera
9. canadienses
10. cualquier

11. tales
12. mediocres
13. inferior
14. geniales
15. grandes

B.
1. ciertos países subdesarrollados
2. el tercer capítulo gramatical
3. un huracán terrible y desastroso (un desastroso y terrible huracán)
4. muchas tardes largas y calurosas
5. otros fieles y dedicados socios (otros socios fieles y dedicados)
6. algunas médicas inglesas
7. pocas cosas interesantes
8. La Segunda Guerra Mundial
9. ningún cacique azteca
10. unas mujeres iraníes
11. tales rimas sonoras (tales sonoras rimas)
12. cien páginas seleccionadas (cien seleccionadas páginas)
13. la última comida ligera
14. varias soluciones comprensibles y sencillas (varias sencillas y comprensibles soluciones)
15. cada persona conservadora

Ejercicio de reflexión (pág. 143)

1. aquí   2. arriba   3. tarde   4. poco   5. lentamente   6. hoy

Ejercicios de comprobación (pág. 147)

A.
1. generalmente
2. curiosamente
3. excelentemente
4. afortunadamente

5. impacientemente
6. ferozmente
7. sigilosamente

8. alegremente
9. rápidamente
10. orgullosamente

B.
1. con cuidado
2. con abulia
3. con tristeza
4. con violencia

5. con franqueza
6. con cortesía
7. con cariño

8. con alegría
9. con profundidad
10. con felicidad

C.
1. correctamente
2. cortésmente

3. alegremente
4. rápidamente

5. fácilmente
6. amargamente

Ejercicio de reflexión (pág. 148)

1. Las palmas son más altas que los olivos.
2. Las casas humildes tienen menos pisos que los rascacielos.
3. Antonio es más alto que su hermanito Luisito.
4. El verano es más caluroso que el invierno.
5. La madera es menos dura que el acero.
6. El plomo es más pesado que la pluma.
7. Nosotros comemos más carne que pescado. (Nosotros comemos menos carne que pescado.)

Ejercicios de comprobación (págs. 150, 151)

A. 1. Él es menos simpático que su hermana.
    2. Tú bailas mejor que José.
    3. El profesor tiene más años que mi padre.
    4. Rosa tiene menos amigas que su prima.
    5. Este coche es mejor que el mío.
    6. Esos jóvenes tienen que trabajar menos que nosotros.
    7. Aquel señor tiene más dinero que su padre.
    8. Ayer hacía mucho calor y yo tomé más refrescos que tú.
    9. Yo comí menos fresas que mi compañero.
    10. Él es menos liberal que yo.

B. 1. Un abogado habla tanto como un médico.
    2. Mi madre compra tanta ropa como yo.
    3. ¿Quién habla tan bien como ese político?
    4. El palacio del conde tiene tantas habitaciones como este hotel.
    5. En algunos países Cervantes es tan famoso como Shakespeare.
    6. ¿Habrá tantas santas como santos?
    7. Ese pobre perro tiene tanta hambre como cualquier mendigo.
    8. Nadie puede ser tan malo como ese bandido.
    9. Este arquitecto construyó tantos museos como los otros.
    10. ¿Es tu padre tan bajo como tú?

Ejercicios de comprobación (págs. 152, 153)

A. 1. buenísimo   4. muchísimo   7. simplísimo   10. cerquísimo
    2. guapísimo   5. riquísimo   8. malísimo
    3. amabilísimo   6. felicísimo   9. prontísimo

B. 1. Es la lectura más difícil del libro.
    2. Es la fiesta más divertida del año.
    3. El verano es la mejor estación del año.
    4. Julio es el mes más caluroso.
    5. Es el cuadro más famoso del museo.
    6. El fútbol es el deporte más popular del país.

Ejercicios de repaso (págs. 153, 154, 155)

A. 1. facilísimo   4. interesantísimo   7. poquísimo   10. frecuentísimo
    2. malísimo   5. fresquísimo   8. grandísimo
    3. responsabilísimo   6. lentísimo   9. pequeñísimo

B. 1. es tan extremado como en Finlandia.
    2. escribimos menos ensayos que ellos.
    3. es menor que mi padre. (tiene menos años que mi padre.)
    4. peor que ella.
    5. corre tan rapidamente como el leopardo.
    6. menor que mi sobrino. (más joven que mi sobrino.)
    7. ganan tanto como los ingenieros.
    8. es tan alto como la catedral.
    9. valen menos que los diamantes.
    10. son más baratos que la langosta.
    11. es tan sabroso como el solomillo.
    12. cuesta menos que viajar en avión.

C. 1. *Nunca* preparan el pollo con vino blanco.
    2. *Ni* José *ni* Miguel pasarán por aquí.
    3. *Nada* interesante va a ocurrir en la Plaza Mayor.
    4. *Nadie* está tocando las campanas de la torre.
    5. Ellos *ya no* tienen su perro pastor alemán.
    6. *No* vieron *ninguna* película el verano pasado.
    7. *No, no* recibimos buenas notas en los exámenes.
    8. *No* trajo *ningún* tipo de fruta en la cesta.
    9. Ahora *no* hay más que treinta mil habitantes en nuestra ciudad.
   10. Los profesores *tampoco* asistieron a la reunión. (*No* asistieron *tampoco*.)

CH. 1. nada   4. ninguna   7. nada   10. nunca (jamás)
    2. nadie   5. nunca (jamás)   8. ni, ni
    3. ninguno   6. cualquiera   9. tampoco

Lección Doce

Ejercicio de reflexión (pág. 156)

1. a   4. en   7. al   10. para   13. en
2. en, de   5. con   8. de, al, de 11. por   14. entre
3. de   6. de   9. para   12. por   15. en

Ejercicios de comprobación (págs. 161, 162)

A. 1. enfrente de   6. en   11. Por   16. para (de)
    2. alrededor del 7. de   12. Al   17. de, de
    3. encima de   8. en, a   13. sobre (en)   18. en
    4. del   9. con   14. hasta   19. Bajo
    5. con   10. para   15. desde, hasta 20. delante del

B. 1. por   6. por   11. para   16. por
    2. para   7. por   12. por   17. por
    3. para   8. para   13. por   18. por
    4. por   9. Para   14. por   19. por
    5. por   10. para   15. Para   20. Por

C. 1. por el   4. Por   7. por   10. por el
    2. por   5. para el 8. por
    3. por   6. Para   9. para

Ejercicio de reflexión (pág. 163)

1. aunque   3. así que   5. ya   7. o, Ni, ni
2. sino   4. porque   6. por lo tanto 8. y

Ejercicios de comprobación (pág. 166)

A. 1. pero   4. e   7. sino   10. que
    2. aunque   5. pero   8. conque
    3. Si   6. aunque 9. luego

B. 1.–10. Respuestas originales.

Ejercicios de repaso (págs. 166, 167, 168)

A.
1. otras personas
2. habitantes japoneses
3. veintiún días
4. abuela cariñosa
5. varios problemas
6. accidentes fatales
7. algún país
8. regiones fértiles
9. peluqueras habladoras
10. cada individuo
11. precios caros
12. quinientas páginas
13. señoras españolas
14. animales feroces
15. idiomas extranjeros

B.
1. comiquísimo
2. lentísimo
3. pequeñísimas
4. feísima
5. poquísimo
6. correctísimo
7. facilísimo
8. carísima
9. rapidísimo
10. simpatiquísimos

C.
1. El jefe es tan trabajador como los empleados.
2. Este vestido es más feo que el otro.
3. Los niños cantan tan bien como los mayores.
4. Tú tienes tanta paciencia como yo.
5. Su hermana es tan atractiva como la mía.
6. El perro de mi vecino es tan malo como el nuestro.
7. Ella ha leído menos que tú.
8. Mi compañero gasta menos que yo.
9. En este lago hay tantas lanchas de motor como barcos de vela.
10. Hay tantos mosquitos en julio como en agosto.
11. Hizo más frío este invierno que durante el invierno pasado.
12. Tienes menos años que yo.
13. Este año ha habido más turistas en España que en Italia.
14. Hay menos diversiones en esta ciudad que en la otra.
15. La Argentina exporta tanta carne como Tejas.

Lección Trece

Ejercicios de comprobación (pág. 170)

A.
1. les cae
2. te sobran
3. nos aburren
4. Les molesta
5. me fastidian
6. Os conviene
7. les parece
8. le toca
9. les encanta
10. le agrada

B. 1.–10. Respuestas originales.

Ejercicios de comprobación (pág. 172)
1. sobresaliente
2. sorprendente
3. errante
4. corriente
5. oyente
6. chocante
7. pudiente
8. abundante
9. edificante
10. caminante
11. doliente
12. sofocante
13. cantante
14. durmiente
15. creyente
16. crujiente

Ejercicios de comprobación (págs. 174, 175, 176)

A.
1. le aburren
2. me interesa
3. nos encantan
4. le duele
5. le importa
6. os cae
7. les conviene
8. me molesta
9. les queda
10. te sorprendió (sorprende)

B.
1. lloverá
2. Relampagueaba
3. heló
4. Nevará
5. granice
6. Truena
7. nieve, llueva
8. se heló
9. llueve
10. granizó (había granizado)

C.
1. hablar (saber)
2. hacer (practicar)
3. viajar
4. caer
5. escuchar (tocar)
6. gastar (perder)
7. conducir (manejar)
8. trabajar (comer, dormir)
9. enseñar
10. montar (andar)

CH.
1. sofocante
2. cantante
3. sobresalientes
4. pudiente
5. durmiente
6. creyente
7. errante
8. ardiente
9. sobreviviente
10. sorprendente

D.
1. aceptable
2. aprovechable
3. rechazable
4. soportable
5. respetable
6. preferible
7. durable
8. dirigible
9. movible
10. transferible

E.
1. subarrendar
2. sobrentender
3. sobrexcitar
4. subrayar
5. sobrepasar
6. subdesarrollar
7. sobrecargar
8. sobrevivir
9. substraer
10. sobrecoger

F.
1. Hacía
2. Hace
3. hace (hacía)
4. Hace
5. Hacía
6. Hace
7. Hace
8. Hacía
9. hace
10. hace

G.
1. tengo ganas de
2. tiene razón
3. da a
4. echan de menos
5. están de acuerdo
6. tenga éxito
7. hacer novillos
8. prestan atención
9. tendríamos calor
10. dio en

Ejercicios de repaso (págs. 176, 177)

A.
1. a
2. según
3. entre (con)
4. con, contra
5. por, para
6. por
7. bajo
8. a (hacia)
9. para
10. sobre (en)
11. ante
12. tras, con, sin

B. 1.–10. Respuestas originales.

ÍNDICE